深圳市土地资源

深圳市规划国土发展研究中心　编著

科学出版社

北京

内 容 简 介

本书介绍深圳市的历史、行政区划、自然资源、城市发展等基本情况,阐述全市土地调查分类体系与工作历程,说明土地资源利用的数量、特征和空间分布特征,从土地利用结构演变、土地开发强度、耕地资源保护等角度对深圳土地资源利用特点和演变进行分析评价,提出土地资源可持续利用和保护的思路建议。

本书主要供土地资源相关专业的研究和管理人员参考,也可供对深圳城市发展和土地开发利用感兴趣的读者阅读。

审图号:粤 S〔2019〕02-2 号

图书在版编目(CIP)数据

深圳市土地资源/深圳市规划国土发展研究中心编著. —北京:科学出版社, 2019.1

ISBN 978-7-03-059994-0

I. ①深… II. ①深… III. ①土地资源–概况–深圳 IV. ①F323.211

中国版本图书馆 CIP 数据核字(2018)第 287743 号

责任编辑:杨光华 / 责任校对:董艳辉
责任印制:彭 超 / 封面设计:苏 波

科 学 出 版 社 出版

北京东黄城根北街 16 号
邮政编码:100717
http://www.sciencep.com

武汉精一佳印刷有限公司印刷
科学出版社发行 各地新华书店经销

*

2019 年 1 月第 一 版 开本:787×1092 1/16
2019 年 1 月第一次印刷 印张:11
字数:261 000

定价:128.00 元

(如有印装质量问题,我社负责调换)

《深圳市土地资源》

编 委 会

主　　任：戴　晴

副 主 任：邹　兵　　罗家全

编　　委：杨成韫　　姜仁荣　　张立娟　　汪春燕　　陈柳新
　　　　　苏　墨

编 写 人 员

主　　编：邹　兵

副 主 编：杨成韫

参编人员：苏　墨　　沈利强　　庄穆煌　　廖　琦　　汪维录
　　　　　马异观　　汪春燕　　朱丽萍　　唐　豪　　尚希雨

制　　图：胡　炜

特别鸣谢：覃跃良　　付群波　　张　健　　李　立　　成雁婷
　　　　　施　源　　罗罡辉

前言

英国经济学家威廉·配第曾说过：劳动是财富之父，土地是财富之母。土地是人类赖以生存的自然基础，也是支撑城市经济社会发展的空间载体。2018年是中国改革开放的第40个年头，深圳经济特区成立后在不到40年的时间里，从一个边陲小县快速崛起成为一座现代化超大型城市，创造了人类工业化和城市化发展史上的奇迹。在此过程中，深圳的土地资源不仅为深圳奇迹的产生提供了有力的保障，而且土地自身使用方式的创新及相关制度变革也为深圳乃至国家的改革发展做出了突出贡献，成为体现深圳改革开放成就的重要内容。持续和深入研究深圳土地资源具有十分重要的理论价值和现实意义。

1998年，原深圳市规划国土局以1995年完成的第一次全国土地调查（又称全国土地详查）和以后两年开展的土地变更调查成果为基础，对当时深圳土地资源利用状况进行了分析和评价，并探索了提高土地利用效益的路径，编辑出版了第一版《深圳市土地资源》。这是对当时深圳全市的土地资源状况进行全面系统总结的第一部学术著作，具有较高的史料价值。该书为了解和研究当时深圳城市土地利用状况提供了较为权威的基础资料，同时也对深圳后来的土地资源使用发挥了一定的指导作用。时光荏苒，转眼20年过去，无论是深圳的经济社会发展形势，还是土地资源利用状况都发生了根本性的变化。重新编写《深圳市土地资源》变得十分必要而紧迫。这些变化主要体现在以下三个方面。

首先是城市发展阶段和形势的变化。经过20年的快速持续发展，深圳全市常住人口由1998年的580万增长到2017年的1 252万，增长了116%，跨入超大城市行列。全市GDP由1998年的1 535亿元增长到2017年的22 286亿元，是1998年的14.5倍，经济总量在全国内地城市中仅次于上海、北京，居第三位。如今的深圳无论是人口规模和人口密度，还是经济规模和开发密度，都与1998年相比不可同日而语；国家也对深圳未来城市发展提出了新的定位和要求。城市发展的宏观环境和自身基础条件所发生的巨大变化，决定了认识和研究深圳土地资源的思路和方法必须进行相应转变。

其次是土地资源利用模式的根本变化。深圳是一个经济和人口大市，但却是土地和资源小市，土地资源与内地其他特大城市相比十分短缺。近十多年来，土地空间资源严重不足与城市经济社会发展的旺盛需求之间的矛盾也日益突显。早在 2005 年,深圳的城市发展就已面临土地空间、能源、水资源和环境承载力等"四个难以为继"的瓶颈制约,深圳市开始探索发展模式转型。这一年,深圳在全国率先实施基本生态控制线管理制度,将占陆域面积一半的土地划入基本生态控制线范围进行严格管控,以遏制建设用地的过快扩张和粗放使用。2009 年开始,深圳全面推进由增量用地扩张向存量用地挖潜的土地使用模式转型,通过城市更新、土地整备、违建治理等一系列土地管理制度改革举措,努力破解空间瓶颈,促进城市转型发展。这一时期,挖掘存量土地潜力、优化存量发展空间已经成为城市发展和土地资源使用的主要内容,这与 20 年前主要重视增量土地利用的思路截然不同。

第三是土地资源研究的基础也有新变化。相比 20 年前,深圳当前土地资源的调查机制更加完善,调查技术更加先进,调查成果也更加准确、系统和丰富。2009 年,深圳市按照国家的统一部署,开展了第二次全国土地调查工作。与 1995 年相比,这次调查在技术和方法上都有明显的改进和提高,掌握了更加精确完整的土地资源数据。在此基础上,深圳持续开展了年度土地变更调查,对第二次全国土地调查成果进行更新;同时还开展了后备耕地资源、城市用地等若干专项调查。这些调查成果为深入开展深圳土地资源研究提供了更为扎实的工作基础;同时这些结果也显示,深圳市土地资源利用情况和形势与 20 年前相比已经发生重大变化,需要向全社会及时反映更为真实准确的土地基础信息。

基于上述背景,非常有必要编写新一版的《深圳市土地资源》,重新对当前全市土地资源利用的现实情况进行全面系统的总结梳理,对土地资源利用情况进行客观分析评价,提出未来土地资源持续利用和保护的思路建议;以让更多人了解和掌握深圳市土地家底,认清面临的形势,明确未来发展方向,并为政府及相关部门的重大决策提供参考依据。

本书吸纳了 1998 年出版的《深圳市土地资源》(中国大地出版社)对深圳概况和土地开发历程等部分内容,并进行了充实和完善;重点阐述最近 20 年以来深圳的土地资源及开发利用情况。本书所用数据资料主要引自深圳市各类土地调查成果、相关统计年鉴、政府公报和政府部门官方网站等,或由以上述数据派生计算得来。大部分基础数据截至 2017 年,土地调查数据截至 2015 年,尽量保证有关数据的现势性。

全书分为 6 章,分别介绍深圳市基本概况、土地调查特点及发展历程、土地资源利用总体情况、分类土地利用情况、土地利用分析与评价、土地资源的可持续利用和保护。

本书编写过程中得到了深圳市规划和国土资源委员会领导的高度重视和大力支持,他们为本书编著提供了大量宝贵的基础资料,特别是覃跃良、付群波、张健等在图书编著和出版过程中给予了支持和肯定,在此表示由衷的感谢!本书资料来源广、整理工作量大,编著者尽力不断完善,但受制于能力与学识的局限,可能存在不足之处,恳请读者批评指正。

编　者
2018 年 11 月于深圳

第 1 章

深圳市基本概况

深圳市是中国南部海滨城市，位于广东省中南部，珠江口伶仃洋以东，北与东莞、惠州两市接壤，南接香港新界，东临大亚湾和大鹏湾，西临珠江口伶仃洋与中山市、珠海市相望。深圳市所辖范围呈狭长形，东西宽，南北窄，陆地位置为东经113°46′～114°37′，北纬22°27′～22°52′，陆域总面积 1 997.47 km²；海域位置为东经 113°39′～114°39′，北纬22°09′～22°52′，海域总面积 1 145 km²。

1.1 历史沿革与行政区划

1.1.1 历史沿革

深圳历史悠久，早在6 700多年前的新石器时代中期，就有土著居民繁衍生息在这片土地上。深圳的名称始自明朝永乐八年（公元1410年），因所处环境河沟（南方人称圳或涌）纵横而得名。据历史文献记载，深圳市历史可划分为以下几个阶段。

1. 百越部族（史前～公元前214年）

夏、商、周年代，深圳是百越部族远征海洋的一个驻脚点。居殖在深圳沿海沙丘谷地区域的百姓，是百越部族的分支——"南越部族"，以渔猎、采集为生，甚少农垦。

2. 秦皇设郡（公元前214～公元331年）

秦始皇统一中国后，于公元前214年在岭南设置了南海、桂林、象郡三郡，谪徙50万人"与越杂处"，开发岭南。当时的深圳归南海郡番禺县管辖，接受中原文化的影响，开始发展农业、畜牧业等。西汉时期，南头为中央政府设立的番禺盐官驻地，是全国28处盐官之一。

3. 东晋设县（公元331～1573年）

东晋咸和六年（公元331年），朝廷设立东官郡和宝安县，郡、县治所同设于南头，揭开了深圳城市历史的首页。隋开皇十年（公元590年），裁撤东官郡，宝安县改属南海郡。这近三百年间，深圳成为粤东南地区政治、经济、文化的中心。当时宝安县范围包括今天的深圳市、香港特别行政区和东莞市部分地区。唐至德二年（公元757年）将宝安更名为东莞。

4. 新安建县（公元1573～1842年）

明万历元年（公元1573年），重新建县，名为新安县，县治驻南头旧城。清康熙五年（公元1666年）因实施"迁海"政策，将新安县并入东莞县；康熙八年（公元1669年）复置新安县，辖地包括今天的深圳市大部分地区和香港全境，以及东莞市的小部分地区。同年，在边境修筑深圳、盐田、大梅沙、小梅沙等墩台21座，为边陲哨所，这是在我国古籍中最早见到"深圳"名称记载。自唐至明清时期，深圳成为"粤海门户"、广州海外交通之外港，制盐、捕鱼、采珠、养蚝、檀香等产业得到长足发展，海洋经济占主导地位。

5. 县境分割（公元1842～1914年）

1842年7月至1898年4月期间，清政府与英国先后签订《南京条约》《北京条约》和《展拓香港界址专条》，将香港岛、九龙半岛和新界割让、租借给英国。此后，原属新安县的 3 076 km^2 土地中,有 1 055.61 km^2 脱离其管辖,此后深圳市与香港划境分治。

6. 复名宝安(公元 1914 年～1979 年)

民国三年(公元 1914 年),新安县复称宝安县,县治仍在南头。民国二十年(公元 1931 年),设深圳镇。抗日战争时期,南头沦陷,宝安县政府临时迁往东莞县。1953 年,因深圳为广九铁路过境站点,人口聚居较多,工商业兴旺,宝安县治东迁至深圳墟(现东门老街周边范围)。作为宝安县县城所在地,深圳成为内地联系香港的经济和交通枢纽。

7. 深圳设市(公元 1979 年至今)

1979 年 3 月,宝安县撤县设市,改名深圳市,受广东省和惠阳地区双重领导;同年 11 月,改为省辖市。1980 年 8 月,将毗邻香港的 327.5 km^2 范围划为深圳经济特区,之后将经济特区外复建宝安县,一同隶属于深圳市。1981 年 3 月,深圳市升级为副省级市。1988 年 11 月,国务院批准深圳市为计划单列市。2010 年 7 月,深圳经济特区范围扩大到全市。市政府位于福田中心区。

深圳市历史发展沿革如表 1.1 所示。

表 1.1　深圳历史沿革表[①]

时代	沿革
新石器时代	属百越部族先民之地
青铜时代	属南越族建立的"君候小国"之地
秦朝	秦始皇三十三年(公元前 214 年)统一岭南后,属南海郡番禺县辖地
汉朝	汉王朝在南海郡番禺县设置"盐官",其地在今南头,史称"东官"(既东方盐官)
三国吴	吴黄武(公元 222～229 年)中分南海郡,于增城设立东官郡辖地
西晋	属南海郡番禺县辖地
东晋	咸和六年(公元 331 年)分南海郡立东官郡,首县宝安,并建东官郡城、宝安县治于南头
南朝	属东官郡宝安县辖地,郡治于南头,后迁怀安,再迁增城
隋朝	属东官郡宝安县辖地,开皇十年(公元 590 年)废东官郡,宝安县改南海郡
唐朝	属广州都督府宝安县辖地,至德二年(公元 757 年)改宝安为东莞,属东莞县辖地,于南头设屯门军阵
五代十国南汉	属兴王府东莞县辖地。又置"媚川都"采捞珍珠
宋朝	属广东都督府东莞县辖地
元朝	属广州路总管府东莞县辖地

---

①在《深圳市土地资源》(深圳市规划国土局,1998)基础上补充

续表

时代	沿革
明朝	属广州府东莞县辖地。洪武二十七年（公元1394年）于南头设东莞守御千户所。万历元年（公元1573年）分东莞县立新安县，并建县治于南头，名取"革故鼎新，去危为安"之义。辖地包括今深圳市及香港
清朝	属广州府新安县辖地，县治南头。康熙五年（公元1666年）因迁界废除县治并入东莞县，康熙八年（公元1669年）复置。鸦片战争后，英国先后强占香港岛和九龙半岛，1898年强租新界，租期99年
中华民国	属广东省新安县辖地。民国三年（公元1913年）废新安县，复名宝安，县治仍于南头
中华人民共和国	属广东省惠阳地区宝安县辖地，县治南头，1953年县治迁深圳。1979年改宝安县为深圳市，市政府驻深圳。1980年设置"深圳经济特区"。1981年10月又恢复宝安县建制，隶属深圳市。1993年撤宝安县，设宝安区、龙岗区；1997年增设盐田区；2007年设光明新区；2009年设坪山新区；2010年深圳全市域范围纳入深圳经济特区；2011年设龙华新区和大鹏新区；2016年设坪山区和龙华区；2018年设光明区

1.1.2 行政区划

1. 1979～1992年：区县并存阶段

建市之初，深圳市辖罗湖区和宝安县两部分。市政府设在深南中路北侧、红岭南路和上步中路之间。宝安县政府设在南头与西乡交界处，县城定名为新安镇。

1980年8月设立的经济特区位于深圳市的南部，东南临大鹏湾，西南临珠江口伶仃洋和深圳湾，南以深圳河为界与香港相邻，北以梅沙尖、梧桐山、鸡公山、羊台山与宝安、龙岗为界，土地总面积327.5 km²。

1981年10月设罗湖区管辖深圳经济特区，1983年6月将罗湖区分为5个相当于县级的管理区，即沙头角管理区（原沙头角镇、盐田公社）、罗湖管理区（原附城公社、深圳镇）、上步管理区（原福田公社）、南头管理区（原南头公社）和蛇口管理区（原蛇口公社和蛇口工业区）。

（1）沙头角管理区。总面积62.8 km²，当时常住人口1.1万人，驻地设在三家店。下设盐田、梅沙、田心、沙头角镇4个办事处。

（2）罗湖管理区。总面积74.2 km²，当时常住人口13.8万人，驻地设在湖贝。下设笋岗、翠竹、桂园、黄贝、蛟湖、南湖6个办事处。

（3）上步管理区。总面积68.8 km²，当时常住人口9.4万人，驻地设在福田。下设园岭、南岭、福田、沙头、梅林5个办事处。1989年10月更名为福田管理区。

（4）南头管理区。总面积108.1 km²，当时常住人口3.1万人，驻地设在南头。下设沙河、西丽、大新、南山 4 个办事处。

（5）蛇口管理区。总面积 11.4 km²，当时常住人口 1.3 万人，驻地设在蛇口，下设 1 个办事处。

1981 年 10 月，将深圳经济特区以外部分恢复为宝安县，辖新安镇和西乡、福永、沙井、松岗、公明、石岩、龙华、观澜、平湖、龙岗、横岗、布吉、坪山、坪地、葵涌、大鹏等 16 个公社，以及县级的国营光明华侨畜牧场。1986 年 8 月，公社改为镇，大鹏镇分出南澳镇，坪山镇分出坑梓镇。

1990 年 1 月，深圳市行政区划改为三区一县建制，即经济特区内的罗湖区、福田区、南山区和经济特区外的宝安县。罗湖区由罗湖管理区、沙头管理区合并而成，福田区即原上步管理区，南山区由南头管理区、蛇口管理区合并而成。

2. 1993 年至今：市辖区阶段

1993 年 1 月，深圳市撤销宝安县，改设宝安、龙岗两区。至此，全境实现行政管理一体化，设罗湖、福田、南山、宝安、龙岗 5 个市辖区，23 个街道办事处，19 个镇，形成三级行政管理体制。1997 年 10 月，国务院批准深圳经济特区增设盐田区（从罗湖区分出）。2003 年 10 月，宝安、龙岗两区全面推进城市化，撤销镇建制改为街道办事处，深圳成为内地首个没有农村建制的大城市。

2007 年 5 月和 2009 年 6 月，深圳市设光明新区、坪山新区两个功能新区，分别从宝安区和龙岗区分出；2011 年 12 月，增设龙华新区和大鹏新区两个功能新区，分别再从宝安区和龙岗区分出。新区实行开发区管委会的管理体制，兼具开发区和行政区的职能，行使行政区一级政府的经济发展、城市建设和社会管理等各项职能。2016 年国务院批复行政区划调整，在坪山新区、龙华新区基础上分别设立坪山区和龙华区；2018 年国务院批复行政区划调整，在光明新区基础上设立光明区。

至 2018 年，深圳市下辖 9 个行政区和 1 个功能新区，分别为福田区、罗湖区、南山区、盐田区、宝安区、龙岗区、龙华区、坪山区、光明区和大鹏新区[①]。如图 1.1 所示。

1）福田区

福田区位于深圳市中南部，是深圳市委市政府所在地，是深圳市的行政、文化、金融、商务、信息和国际交流中心。1990 年 1 月 4 日建制，区政府驻沙头街道。全区总面积 78.66 km²，下辖园岭、南园、福田、沙头、梅林、华富、香蜜湖、莲花、华强北和福保 10 个街道办事处 115 个居委会。2015 年年末常住人口 144.06 万人，其中户籍人口 89.01 万人。

2）罗湖区

罗湖区位于深圳市中南部，是深圳市建设最早的城市中心区，也是目前主要的金融和商业中心区之一。该区于 1990 年 1 月 4 日建制，区政府驻黄贝街道。全区总面积 78.75 km²，

---

①截至本书定稿时间，经国务院批准，2016 年 10 月坪山新区、龙华新区改为坪山区、龙华区；2018 年 5 月光明新区改为光明区. 由于文中主要数据截至 2015 年 12 月 30 日，故仍称"坪山新区"、"龙华新区"与"光明新区". 以下内容同

图 1.1　深圳市 2018 年辖区（新区）示意图

下辖黄贝、东门、南湖、桂园、笋岗、清水河、翠竹、东湖、东晓和莲塘 10 个街道办事处 115 个居民委员会。2015 年年末常住人口 97.56 万人，其中户籍人口 57.31 万人。

3）盐田区

盐田区位于深圳市东南部，拥有国际著名的深水港——盐田港，是深圳最重要的港口物流和滨海旅游基地。1997 年 10 月建制，区政府驻海山街道。全区总面积 74.91 km²，下辖沙头角、梅沙、盐田和海山 4 个街道办事处 23 个居民委员会和 1 个中英街管理局。2015 年年末常住人口 22.12 万人，其中户籍人口 6.20 万人。

4）南山区

南山区位于深圳市西南部，是前海深港现代服务业合作区所在地，是全市科技、教育、旅游、文化中心。1990 年 1 月 4 日建制，区政府驻南头街道。全区总面积 187.47 km²（含内伶仃岛），下辖南头、南山、招商、蛇口、粤海、沙河、西丽和桃源 8 个街道办事处和 105 个居委会。2015 年年末常住人口 129.12 万人，其中户籍人口 75.59 万人。

5）宝安区

宝安区位于深圳市西北部、珠江口东岸，是广深港经济发展轴的重要节点。1992 年 11 月 11 日建制，区政府驻新安街道。全区总面积 396.61 km²，下辖新安、西乡、航城、福永、福海、沙井、新桥、燕罗、松岗、石岩等 10 个街道办事处和 140 个居民委员会。2015 年年末常住人口 286.33 万人，其中户籍人口 43.68 万人。

6）龙岗区

龙岗区位于深圳市东北部，是深圳东部中心和辐射粤东地区的桥头堡。1992 年 11 月 11 日建制，区政府驻龙城街道。全区总面积 388.22 km²，下辖布吉、吉华、坂田、南湾、平湖、横岗、圆山、龙岗、龙城、宝龙、坪地 11 个街道办事处和 119 个居民委员会。2015 年年末常住人口 205.24 万人,其中户籍人口 47.72 万人。

7）龙华区

龙华区位于深圳市中北部,是深圳北站综合铁路枢纽所在地,是深圳地理中心和城市发展中轴的重要组成部分。2011 年 12 月 30 日设立新区,2016 年 9 月经国务院批准设立行政区。全区总面积 175.58 km²,下辖观湖、民治、龙华、大浪、福城、观澜 6 个街道办事处 101 个居民委员会。2015 年末常住人口 151.15 万人,其中户籍人口 20.29 万人。

8）坪山区

坪山区位于深圳市东北部,是深圳市东部重要的产业新城。2009 年 6 月 30 日设立新区,2016 年 9 月国务院批准设立行政区。全区总面积 165.94 km²,下辖坪山、马峦、坑梓、碧岭、龙田和石井 6 个街道办事处 30 个居民委员会。2015 年末常住人口 35.61 万人,其中户籍人口 5.15 万人。

9）光明区

光明区位于深圳市西北部,是深圳西部重要的产业新城。2007 年 5 月 31 日设立新区,2018 年 5 月由国务院批准设立行政区。全区总面积 155.44 km²,下辖光明、公明、新湖、凤凰、玉塘和马田 6 个街道办事处 28 个居民委员会。2015 年末常住人口 53.12 万人,其中户籍人口 6.18 万人。

10）大鹏新区

大鹏新区位于深圳东南部的大鹏半岛,三面环海,东临大亚湾,森林覆盖率 76%,被评为“中国最美的八大海岸”之一,是深圳最重要的滨海旅游度假区。2011 年 12 月 30 日设立新区。全区总面积 295.32 km²,下辖葵涌、大鹏、南澳 3 个街道办事处和 25 个居民委员会。2015 年末常住人口 13.56 万人,其中户籍人口 3.87 万人。

1.2　自然资源条件

自然资源是由气候、水文、地质、地貌、土壤、生物等自然要素(含人类活动影响在内)相互作用而形成的复杂综合体。各种资源相互影响、相互制约,构成完整的生态系统,是土地开发和经济发展的重要物质基础。

1.2.1　气　候[①]

1. 气候特征(气压、风)

深圳市属南亚热带海洋性季风气候,夏长冬短,气候温和,日照充足,雨量丰沛,干湿

---

①依据深圳气象局公布的有关数据总结

季分明,季风影响显著。近年来受全球气候变暖和城市发展的影响,气候呈现出气温升高、降水强度加大、日照减少、湿度下降、能见度降低的趋势。

1)气温

深圳市年平均气温 22.6℃,一年中,1 月平均气温最低,为 14.9℃,7 月平均气温最高,达 28.6℃。极端最高气温为 38.7℃(1980 年 7 月 10 日),极端最低气温为 0.2℃(1957 年 2 月 11 日)。年平均日较差为 7.1℃,秋、冬季日较差大于春、夏季,12 月平均日较差最大,6 月最小,日较差极端最大值为 18.3℃(1973 年 12 月 31 日)。1980 年以后,由于城市热岛效应等原因,夜间气温增加明显,致使日较差明显减小,减幅达 0.9℃。如图 1.2 所示。

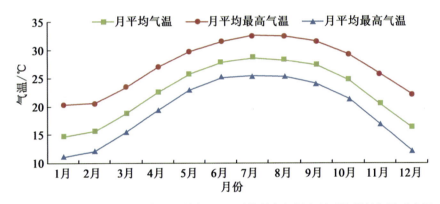

图 1.2　深圳市 1971～2015 年月平均气温、月平均最高气温和月平均最低气温示意图

2)降水

深圳市年平均降水量为 1 931.3 mm,雨量年际变化较大,最多的年份为 2 747 mm(2001 年),最少的年份只有 913 mm(1963 年)。全年雨量有 84%出现在 4～9 月(汛期),其中 4～6 月(前汛期)平均雨量为 707 mm,7～9 月(后汛期)平均雨量达 913 mm。一年中各月雨量变化呈单峰型,最多为 8 月,平均达 354 mm,最少为 1 月,只有 29 mm。截至 2015 年,雨量最多的月份出现在 2008 年 6 月,该月 1～19 日就达 951.4 mm,如图 1.3 所示。

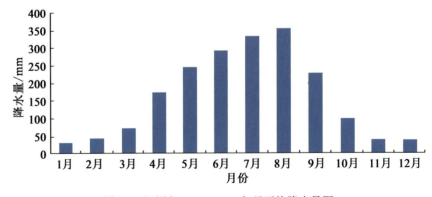

图 1.3　深圳市 1971～2015 年月平均降水量图

深圳市年平均降水日数为 145 天,最多的年份达 184 天（1975 年),最少的年份也有 109 天（1963 年）。此外,受地理位置和地形作用影响,深圳市降水量大致由东南向西北递减分布,东南部年平均雨量达 2 200～2 300 mm,西北部地区只有 1 300～1 500 mm。

3）日照

深圳市太阳能资源较丰富,年太阳总辐射为 4 617.9 MJ/m²。从全省太阳总辐射分布来看,深圳属丰富地区,比粤北地区多 600 MJ/m²。全年有 6 个月太阳总辐射在 400 MJ/m² 以上,其中 7 月最大,高达 486.5 MJ/m²;有 5 个月太阳总辐射在 300～400 MJ/m²;只有 2 月太阳总辐射在 300 MJ/m² 以下。深圳市年日照时数平均为 1 934 h,其中 7 月日照时数最多,2 月最少。年日照百分率为 54%,下半年日照百分率较高,均大于 43%,上半年为 28%～43%,4 月最低,仅 28%,如图 1.4 所示。从日照时数年际变化看,1980 年以后和以前相比,日照时数明显减少;1980 年以前年平均日照时数为 2 206 h,1980 年以后只有 1 860 h,相差 346 h。

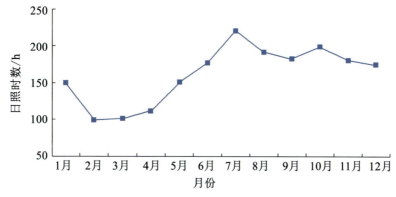

图 1.4　深圳市 1971～2015 年月平均日照时数

4）湿度

深圳市年平均相对湿度为 77%,最大达 82%（1975 年）,最小为 70%（2005 年）;一年中 3～8 月平均相对湿度可达 79%～82%,12 月湿度最小,为 67%,如图 1.5 所示。极端

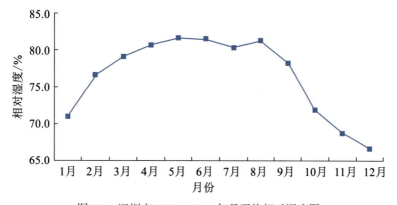

图 1.5　深圳市 1971～2015 年月平均相对湿度图

最低相对湿度为 4%（1959 年）。1980 年后期开始,湿度显著下降,平均相对湿度由 1953～1985 年的 79%下降到 1986～2015 年的 75%,平均减少了 4%。

5）风

深圳市年平均风速为 2.5 m/s,其中一、四季度平均风速最大,各月均达 2.7～3.0 m/s,盛夏平均风速最小,7～8 月只有 2.1～2.2 m/s,如图 1.6 所示。

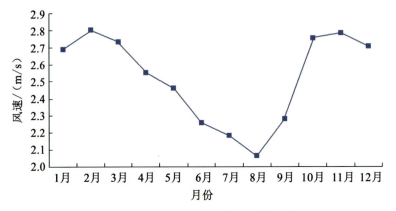

图 1.6　深圳市 1971～2015 年月平均风速图

年主导风向为东南偏东,次多风向为东北。各季节盛行风随季节交替变化,9 月～次年 2 月以东北偏北—东北风为主,其中 10 月～次年 1 月频率可达 20%以上;3～6 月盛行东南偏东—东风,其中 3～5 月频率达 20%以上;7～8 月多为西南风和偏东风,但频率均小于 13%,如图 1.7 所示。

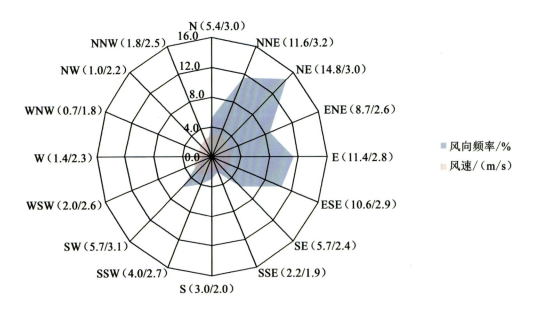

图 1.7　深圳市 1971～2015 年风向频率和风速玫瑰图

2. 主要气象灾害

深圳是灾害性天气多发区,一年四季都存在不同的气象灾害。由于不同季节影响,深圳市的天气系统不同,每个季节的多发气象灾害也不相同。

春季常有低温阴雨、强对流、春旱、大雾等灾害性天气,少数年份还可能出现寒潮天气。夏季受锋面低槽、热带气旋、季风云团等天气系统的影响,高温酷热、暴雨、雷暴、台风等灾害性天气常有发生。秋季尽管多秋高气爽的晴好天气,是旅游度假的最好季节,但由于雨水少,蒸发大,常有秋旱发生,一些年份还会出现台风和寒潮天气。冬季雨水稀少,大多数年份都会出现秋冬连旱,冷空气带来的大风、寒潮、低温也是这个季节的主要灾害性天气,如表 1.2 所示。

表 1.2 深圳市 1971～2015 年各月气象灾害发生情况统计表

月份	发生的主要气象灾害
1	寒冷、灰霾、大雾、干旱、森林火灾
2	寒冷、灰霾、大雾、干旱、森林火灾、低温阴雨
3	寒冷、大雾、森林火灾、雷电、低温阴雨
4	暴雨、雷电、雷雨大风、冰雹
5	暴雨、雷电、雷雨大风、龙卷风、台风、大雾
6	暴雨、雷电、高温、台风
7	暴雨、雷电、台风、高温、雷雨大风、冰雹
8	暴雨、台风、雷电、雷雨大风、灰霾、高温、冰雹
9	台风、暴雨、雷电
10	雷电、干旱
11	灰霾、干旱、森林火灾
12	寒冷、干旱、森林火灾

热带气旋(台风)是对深圳市影响最大的灾害性天气。深圳市作为沿海城市,每年均会受到不同程度的热带气旋(台风)影响。热带气旋造成的大风、暴雨和风暴潮,通常会给人民的生命财产带来严重损害,但是另一方面,热带气旋影响过程中充沛的降雨又能为旱情的缓解起到积极作用。热带气旋与深圳市后汛期雨量有着密切的关系,是深圳市重要的降水来源之一,一般来说影响深圳市的热带气旋次数越多,后汛期降雨量也越大。

深圳市气象历史统计资料显示,影响深圳的热带气旋(包括热带气旋外围环流和台风槽)平均每年约 4.4 次。1964 年最多,达 9 次,1968 年最少,只有 1 次。在深圳范围内登陆的热带气旋平均每年为 0.2～0.3 次,其中 1964 年和 1979 年分别有 2 次登陆。截至2015 年,影响深圳最早的热带气旋出现在 4 月 19 日(2008 年),最迟在 12 月 2 日(1974年)。如表 1.3 所示。

表 1.3　深圳市台风登陆情况统计简表

统计项目	统计数值	极值出现年份
每年平均影响次数	4.4 次	
最多的年份	9 次	1964 年
最少的年份	1 次	1968 年
每年平均登陆次数	0.2~0.3 次	
最早影响日期	4 月 19 日	2008 年
最迟影响日期	12 月 2 日	1974 年

1.2.2　地　质[①]

1. 地质构造

深圳市位于华南褶皱系中的紫金—惠阳凹褶段束的西南部,五华—深圳大断裂带南西段,高要—惠来东西向构造带中断的南缘地带。区内构造活动频繁,前加里东运动、加里东运动、华力西—印支运动、燕山运动、喜马拉雅运动均有不同程度的显示。

深圳市内地质构造比较复杂,以断裂构造为主。深圳市的断裂构造常成组、成带产出,可分为北东向、东西向、北西向、北北东向和南北向 5 组断裂构造。北东向的五华—深圳断裂带斜贯全市,是市内主导构造。褶皱构造多与断裂相伴产生,由于受断裂构造的破坏,花岗岩体的吞噬、火山喷发和自中生代以来的地层覆盖的影响,显得支离破碎、残缺不全。

2. 地层

深圳市地层区划属华南地层区东江分区。中元古界以一套经深变质混合岩化作用形成的变质岩系为特征;新元古界则为浅海相类复理石碎屑岩建造,沿深圳市西部近东西向构造带展布。下古生界基本缺失;上古生界分布于东部的泥盆系中、上统,以陆相-浅海相碎屑岩为主。下石炭统主要分布于东部,分别为浅滨海相碎屑岩、浅海相碳酸盐岩、海-陆交互相碎屑岩含煤建造,上石炭统仅见于东北部,主要为碳酸盐岩建造。市内二叠系未见出露。中生界下、中三叠统缺失,上三叠统仅见于西北部,属海-陆交互相滨海沼泽沉积。

区内侏罗系较为发育,分布在西北部、东部及中部大部分地区;下侏罗统以海相碎屑岩沉积过渡为海-陆交互相碎屑岩建造;侏罗系下、中统为内陆湖泊相砂泥质碎屑岩夹火山碎屑岩建造;中侏罗统为喷溢相英安岩、安山质凝灰熔岩建造;上侏罗统为巨厚的陆相火山碎屑岩及熔岩堆积。白垩系主要分布在市区东部,西部沿海分布星散,下白垩统为陆相火山碎屑岩及熔岩。上白垩统及新近系,均以陆相湖盆或河流-湖口三角洲粗碎屑岩为特征。第四系普通见于海岸带、河流两侧、台地和丘陵等地区,主要为陆相、海相、海-陆交互相等松散沉积物。

---

①引自:深圳地质编写组,2009. 深圳地质. 北京: 地质出版社

3. 地质灾害

深圳市地质灾害类型分为突变性地质灾害和缓变性地质灾害。突变性地质灾害主要有斜坡类地质灾害和岩溶塌陷地质灾害;缓变性地质灾害主要有海水入侵地质灾害和断裂活动性地质灾害。

斜坡类地质灾害是深圳市当前地质灾害防治的重点。此灾种全市数量多、分布广,受工程建设活动影响大,发灾集中在汛期,突发性强不易避险。虽单点规模小,但由于深圳市建成度高,人口密集,极易造成人员伤亡及财产损失。

岩溶塌陷地质灾害主要分布在龙岗区,隐蔽性强,一旦发灾,危害性大。

海水入侵地质灾害主要分布在宝安区、南山区及福田区沿海平原地带,其中以宝安区最为严重。此灾种发灾缓慢,隐蔽性极强,对城市长远发展具有一定影响。

断裂活动性地质灾害主要分布在横跨福田、罗湖及龙岗的企岭吓至九尾岭断裂、横跨罗湖和龙岗的横岗至罗湖断裂、石井岭至田螺坑断裂三条大致平行的北东向断裂带范围。多年监测数据显示,此断裂带一直处于相对稳定状态。

1.2.3　地　　貌

深圳市全境属珠江三角洲,以平原和台地地形为主,约占总面积的 78%。北部和东部多为山地和丘陵,重峦叠翠,森林资源丰富。东部和西部沿海地带有丰富的海产资源。另有少量台地分布于各区,如图 1.8 所示。

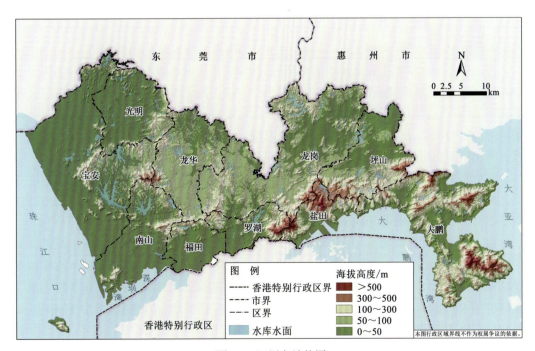

图 1.8　深圳市地势图

深圳地势东南高西北低。分三个地貌带:南部半岛海湾地貌带位于"大亚湾—大鹏半岛—大鹏湾"及伶仃洋的东部,半岛和海湾的海拔绝对高度相差很大,大鹏半岛七娘山主峰海拔高达 867.4 m,大鹏湾水深 18～24 m,构成槽形海湾、陡峭海岸的地貌特征;中部为海岸山脉地貌带,莲花山脉延伸到境内笔架山、梧桐山,呈东北至西南走向,向西南一直到香港的大雾山,逼近海岸,主峰梧桐山(海拔 943.7 m)是深圳市最高点;北部为丘陵谷地地貌带,由茅洲河、大破河、观澜河、龙舟河等 10 条河流切割,形成低丘降谷地、阶地及台地。

从垂直变化来看,三个地貌带产生五级地貌层次,由高到低为:低山和高丘陵、低丘陵、高台地、低台地和阶地、平原,是新构造运动地壳间歇性抬升、剥蚀和堆积的结果。

随着深圳城市建设的迅猛发展,按照现状情况和城市规划,原来属于山地地貌带的部分低丘陵、台地地貌带和海岸地貌带大部分已开发建设。保留下来的部分低丘陵、高丘陵和低山山地地貌主要成为山地旅游风景区。

1.2.4　水　　文[①]

深圳市水资源主要包括本地常规水资源、市外水资源,以及雨洪、再生水、海水等非常规水资源。2015 年,深圳市全市地表水资源量 18.47×10^8 m³,地下水资源量 3.84×10^8 m³。市外水资源是目前深圳市城市供水的主要来源,2015 年总用水量 19.9×10^8 m³,其中市外引水量为 16.44×10^8 m³,已占供水总量的 82.61%。

根据深圳市水系分布特点和河流地理特征,深圳市河流分布于五大流域及四大海湾水系,五大流域分别是观澜河流域、坪山河流域、龙岗河流域、深圳河流域和茅洲河流域;四大海湾水系分别是深圳湾水系、珠江口水系、大鹏湾水系和大亚湾水系。

深圳市常规水资源主要来源于天然降水,按深圳市地域范围统计,全市集雨面积大于 1 km² 的河流共计 330 条,其中独立河流 93 条,一级支流 136 条,二级支流 77 条,三、四级支流 24 条。在这 330 条河流中,流域面积大于 100 km² 的河流有 6 条,分别是深圳河、茅洲河、龙岗河、坪山河、观澜河和石岩河;流域面积大于 50 km² 且小于 100 km² 的河流有 5 条,包括丁山河、沙湾河、布吉河、西乡河和大沙河。如表 1.4 所示。

深圳市河道主要有防洪、排涝、排污、景观、航运、引水等功能,多数河流兼有数种功能。深圳市河流受地质构造控制,以海岸山脉和羊台山为主要分水岭,其地形地貌的特点决定了河流水系的分布和走向。小河众多、大河稀少是深圳市水系的一个特点。

由于地理条件比较特殊,深圳境内无大江大河大湖大库,蓄滞洪能力差,本地水资源供给严重不足,七成以上的用水需从市外的东江引入。至 2015 年,深圳市蓄水水库共有 154 座,其中中型水库 12 座,小型水库 142 座,山塘 396 宗,总控制集雨面积 575.1 km²,总库容 6.1×10^8 m³,每年可提供原水 3.5×10^8 m³。深圳市是全国严重缺水的城市之一,人均拥有水资源量仅为 235.7 m³,约为全国平均水平的 1/11 和广东省的 1/10(图 1.9)。

---

①引自:深圳市水务局,2015 年度深圳市水资源公报

表1.4 深圳市水系情况表①

分区	流域面积/km²	河流总长度/km	河流数/条					按流域面积统计/条			
			合计	独立河流	一级支流	二级支流	三四级支流	≥50 km²	≥10 km²	≥5km²	≥10 km²
茅洲河流域	266.14	250.04	46	1	24	16	5	1	12	19	46
观澜河流域	241.06	185.41	34	1	20	11	2	1	9	17	34
龙岗河流域	297.48	211.87	43	1	11	18	13	3	12	17	43
坪山河流域	129.49	98.78	19	1	11	6	1	1	4	9	19
深圳河流域	171.41	145.68	26	1	9	13	3	2	6	10	26
珠江口水系	303.12	232.87	53	27	20	6	0	1	9	18	53
深圳湾水系	163.90	107.85	27	8	15	4	0	1	4	6	27
大鹏湾水系	175.75	127.36	39	24	13	2	0	0	3	8	39
大亚湾水系	174.69	128.99	43	29	13	1	0	0	5	8	43
合计	1 923.04	1 488.85	330	93	136	77	24	10	64	112	330

① 引自：深圳市水务局，2015．深圳市河流现状（2015）

人均水资源拥有量低于世界水危机标准[1]，全市现状水资源储备量仅能满足 20 天左右的应急需要。

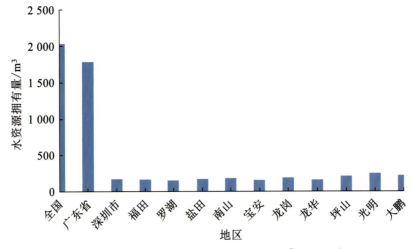

图 1.9　深圳市人均水资源拥有量[2]

除此之外，深圳市降雨时空分布不均，八成以上集中于汛期，年均受台风影响 4～5 次。由于城市化进程在一定程度上破坏了自然水系，全市约有一半河流未得到治理，加上现有防洪排涝基础设施建设标准不高，局部区域排涝设施不够完善，受洪涝灾害的威胁较大。

全市绝大多数河流河道短小，呈明显的雨源型河流特征，雨季是河，旱季成沟，缺乏动态补充水源，水环境容量偏小，城市污染负荷远远超出本地水环境承载力，流域城区的河流普遍受到污染，水环境治理压力巨大。

1.2.5　土　　壤

深圳市的土壤共分为 6 个土类、9 个亚类、18 个土属、40 个土种。主要有赤红壤、红壤、黄壤、水稻土、滨海沙土、滨海盐渍土等，其中以赤红壤分布最广。自然土壤之中，山地黄壤以多量有机质为主，但其面积很小；山地红壤以中量有机质为主，土层薄，坡度陡，需注意封山育林；赤红壤以少量有机质为主，分布面积较大（尤其是花岗岩赤红壤），荒地多，生产潜力大。农业土壤中，土质较好的是谷底冲积田的泥田、河流冲积田的河砂泥田、滨海平原冲积田；低产田土壤主要是冷底田、谷底冲积田的粗砂质田和结粉田、河流冲积田的河泥田、咸田。

---

[1] 根据联合国经济和社会历史会（ECOSOC，2012）的标准，当地区人均供水低于 1700 m³/年时，认为该地出现供水压力；人均低于 1000 m³/年时，被认为出现水荒；人均低于 500 m3/年时，则被认为正在经历"严重水荒"

[2] 根据《深圳市统计年鉴（2015）》《深圳市水资源公报（2015）》《中国水资源公报（2015）》中的数据计算

深圳市的土壤呈较明显的垂直地带性分布,海拔500 m以上多为黄壤,300~500 m的山地多为红壤,300 m以下的山地多为赤红壤及侵蚀红壤,100 m以下侵蚀赤红壤分布较广,洪冲积阶地或洪积扇多发育坡洪积黄泥田。在水平分布方面,从滨海到内陆,依次为滨海盐渍土、咸田、滨海平原冲积海积田、河流冲积田、谷地冲积田、冷底田、坡洪积黄泥田或过渡为耕田地红壤。

1.2.6　植　被[①]

深圳市植被的主要常见组成种类有310多种,分属于105科240属,其中属于热带性的有150多种,占48%;热带和亚热带共有的有125种,占40%;其他的有35种,占12%,说明热带区系成分比较大。常见的热带科主要是:桃金娘科、野牡丹科、红树科、梧桐科、大戟科、桑科、芸香科、棕榈科、豆科和樟科的一些种类。

深圳市自然分布有22种国家珍稀濒危植物,其中国家一级重点保护野生植物1种,即仙湖苏铁;国家二级重点保护野生植物11种,分别为桫椤、黑桫椤、大叶黑桫椤、小黑桫椤、粗齿桫椤、苏铁蕨、水蕨、金毛狗、珊瑚菜、土沉香和樟。部分种类的分布数量相对较多,如金毛狗、土沉香、珊瑚菜、白桂木和樟树。但有些种类则相当稀少,如大苞白山茶、乌檀和野龙眼。深圳市的东部地区保存着较丰富的珍稀濒危保护植物,西部则较少。空间分布上,深圳东部的梧桐山、大鹏半岛、三洲田等地珍稀物种最为丰富;其次为马峦山、羊台山、内伶仃岛和塘朗山等地,拥有较丰富的珍稀濒危物种。

深圳共有6科48属93种野生植物被收录在《国际濒危野生动植物种国际贸易公约(CITES)》附录Ⅰ、Ⅱ中。其中,附录Ⅰ收录1种,为紫纹兜兰;附录Ⅱ收录92种,包括蕨类植物6种,如苏铁蕨、中华双扇蕨等,被子植物86种,如土沉香和所有兰科植物。

深圳市野生植物被《世界自然保护联盟濒危物种红色名录》评估为极危(CR)3种、濒危(EN)2种、易危(VU)5种、近危(NT)4种。被《中国植物红皮书》收录的有12科14种。

深圳市植被群落主要以下有5种类型。

1. 低山山顶杂草群落和山坡阔叶林群落

该群落主要分布在梧桐山、七娘山、排牙山、笔架山和羊台山海拔550~600 m以上的山顶,以茅草、鹧鸪草为主,覆盖率超过80%。山坡及沟谷中以阔叶林为主,主要树种有毛冬青、九节茶、密花树、匙叶楠、秋枫等,枝叶繁茂,覆盖率超过90%。

2. 低山丘陵松树、灌丛、芒萁群落

该群落主要分布在标高300~600 m的山坡和高丘上,以马尾松、桃金娘、岗松、鸭脚木和芒萁为主,部分缓坡地有人工种植的桉树、松树及杉树等。多数灌丛和树木生长较好,覆盖率为60%~80%。

[①]引自:李沛琼,李勇,2010. 深圳植物志. 北京:中国林业出版社

3. 丘陵台地桉树、松树、马尾松群落

该群落主要分布在标高 50～300 m 的低丘陵坡地和台地上。1990 年前大多为荒丘，仅有稀疏的马尾松与灌木杂草等。1990 年后政府每年发动全民植树造林，种植以桉树、松树、杂木为主。经过十多年的培育，大部分已成林，覆盖率为 70%～90%。

4. 低丘台地果树群落

该群落主要分布在标高 50 m 以下的山坡地和沟谷中，以人工种植为主。主要果树有荔枝、龙眼、柑、橘、橙、香蕉、桃子、李子、柿子、芒果、黄皮和杨桃等。多数生长旺盛，覆盖率为 80%～90%。

5. 红树林群落

该群落主要分布于福田南、大亚湾西侧及西部沿海淤泥滩涂上，主要树种有桐花树、秋茄、银叶树和海榄雌。

1.2.7 矿 产[①]

1. 矿产资源种类

深圳市的矿产资源种类不多，截至 2015 年年底，全市已发现矿产 29（亚）种，其中能源矿产 2 种，金属矿产 11 种，非金属矿产 15 种，水气矿产 1 种。除矿泉水、地热水外，其他矿产处于停产或未开发利用的状况，如表 1.5 所示。

表 1.5 深圳市已发现和查明资源储量的矿产类型汇总表

矿产类别	矿产名称	小计
能源矿产	煤、地热水	2
金属矿产	铁、锰、铅、锌、钨、锡、铋、钼、金、银、稀土	11
非金属矿产	硫铁矿、泥炭、蓝晶石、水泥用灰岩、建筑用砂、砖瓦用黏土、水泥配料用黏土、辉绿岩、建筑用花岗岩、饰面用大理岩、水泥用大理岩、水晶、钾长石、冰洲石、高岭土	15
水气矿产	矿泉水	1

2. 矿产分布

1）能源矿产

深圳的煤主要分布在荷坳，规模小，开采利用价值不高。地下热水发育位置与断裂带密切相关，主要分布在深圳市境内的断裂带上，已发现光明区公明玉律温泉、坪山汤坑温

[①]引自：深圳市规划和国土资源委员会. 深圳市矿产资源总体规划（2016–2020）

泉及坪山上洋地热水 3 处。公明玉律温泉水温 66～68℃，属热水中温地热资源，可开采资源量为 146.8 m^3/日，仅进行小规模粗放性的利用；汤坑温泉及坪山上洋地热水水温约 30℃，属温水低温地热资源。

2）金属矿产

矿床、矿点和矿化点主要分布于深圳市中东部的布吉—横岗—葵涌一带，其中，打鼓岭铁矿、山仔下铅锌矿和旗头岭钨矿是目前为止深圳市最重要的金属矿床，规模均为小型，其余均为矿点或矿化点，作业程度低。稀土资源为深圳市新发现矿种，目前初步圈定 5 处分布点。

3）非金属矿产

非金属矿产中，蓝晶石、水晶、钾长石、冰洲石、高岭土、黏土、泥炭等矿产均是矿点或矿化点，未形成规模，基本上没有工业价值。只有横岗龙村蓝晶石矿点具有 5.14×10^4 t 的资源储量，具有一定的工业利用价值。这些非金属矿产大多分布于深圳市中部的布吉—横岗一带，主要受控于燕山期花岗岩与泥盆纪—石炭纪沉积岩系及其内部发育的构造有利部位。

饰面用大理岩和水泥用岩主要分布于龙岗区的横岗—龙岗一带，用于水泥原料和建筑饰面材料，规模达到了大中型，赋存于泥盆纪—石炭纪沉积岩系内。辉绿岩分布于深圳市中北部平湖，是广东省优质石料之一。

建筑用花岗岩广泛分布于全市区域，是本市最重要的建筑用石料资源。

4）水气矿产

深圳市矿泉水资源较丰富，赋存于花岗岩山体地带。但是，随着大规模城市建设，地下水污染现象日益严重，原来在市区内发现的矿泉水基本上不能开发利用，目前仍可开发利用的矿泉水分布于郊野公园或森林保护区，可利用资源量约为 420 m^3/日。如表 1.6 所示。

表 1.6 深圳市矿产资源储量表（截至 2015 年年底）

序号	矿产名称	资源储量单位	基础储量	资源量	资源储量
1	铁矿	×10³ t	—	1 045.00	1 045.00
2	铅矿	t	—	4 4520.00	44 520.00
3	锌矿	t	—	62 250.00	62 250.00
4	钨矿	t	—	1 172.00	1 172.00
5	银矿（伴生银）	t	—	71.00	71.00
6	蓝晶石	×10⁴ t	—	5.14	5.14
7	水泥用灰岩	×10³ t	6 080	18 890.00	24 970.00
8	水泥配料用黏土	×10³ t	360	—	360.00
9	饰面用大理岩	×10³ m³	14 690	—	14 690.00
10	水泥用大理岩	×10³ t	52 790.00	57 450.00

续表

序号	矿产名称	资源储量单位	基础储量	资源量	资源储量
11	建筑用花岗岩	$\times 10^4$ m^3	4 337.91	1 197.06	5 534.97
12	矿泉水	m^3/日	—	2 240.00	2 240.00
13	地热水	m^3/日	—	238.00	238.00

1.2.8 海　洋[①]

1. 海洋资源

深圳市海域面积 1145 km^2（其中滩涂面积 70 km^2），陆地总面积与海域总面积的比为 1：0.57。海岸线总长约 257.3 km，平均陆地拥有海岸线 132 m/km^2。大小岛屿与岛礁共 87 个，岛岸线长 25.25 km。深圳海域被大鹏半岛、香港新界及九龙半岛、蛇口半岛分割为深圳湾、大鹏湾、大亚湾和珠江口 4 个大海湾。

1）深圳湾

深圳湾位于珠江口伶仃洋入海口的东侧，东至深圳河河口，西至蛇口半岛赤湾港与香港九龙半岛烂角咀连线以东海区。深圳湾东西向狭长，呈东东北—西西南走向，纵深 14 km，平均宽度约 7.5 km，面积约 105 km^2。沿岸平坦多沙，离岸 1 km 内水深不超过 1 m；海湾中部水深在 2～3 m，蛇口山以西湾口海域水深加大至 5 m 左右。深圳湾平均水深约 2.9 m。海底地形变化总趋势为由湾口向湾内水深逐渐变浅。

2）大鹏湾

大鹏湾位于深圳东部大鹏半岛与香港九龙半岛之间。大鹏湾是由山谷下沉被海水浸没而成的一个溺谷海湾，其东、北、西三面环山。湾口宽 9.26 km，纵深 1 km，面积约 335 km^2。大鹏湾形如尖端弯曲的圆锥形，湾口向南，湾顶渐尖，且转向东—西向。在深圳管辖的北部和东部沿岸海域、岸线相对平直，大致可划分为沙头角湾、盐田湾、大梅沙湾、土洋湾、南澳湾等次级海湾。

3）大亚湾

大亚湾位于大鹏湾东侧大鹏半岛与惠州市平海半岛之间，也属于山地溺谷型海湾，三面环山，湾口朝南，面临南海。大亚湾海域宽阔，东西宽约 12 km，南北长约 20 km，面积约 240 km^2。沿岸基岩裸露，5 m 深线直逼海岸，大部分海域水深在 5～15 m。在中部海域，自南至北分布有一系列岛屿、礁石，海底地形复杂，水深变化较大，伴有暗沙、暗礁、水下沙滩和狭长沟槽等。

4）珠江口

珠江河口水域东西宽约 150 km，南北长约 100 km，30 m 水深以内的海域面积约

----

① 引自：深圳市规划和国土资源委员会（市海洋局），2014.《深圳市海洋资源现状评价》

7 000 km²。河口大陆岸线长约 450 km。河口有八个入海口门,其形态及过流能力各不相同,其中虎门和磨刀门最大,两个口门入海量约占八大口门总入海量的 50% 以上。

从海洋资源属性上看,大亚湾、大鹏湾、深圳湾、珠江口(三湾一口)是深圳作为一个海洋城市的基石,为深圳市的经济和社会提供了跨越陆地的发展空间,使深圳市的经济发展与世界连在了一起。海洋和岸带充实了深圳的城市文化素养和自然景观魅力,使深圳具备了开放型、高品位、多样性、国际化的海洋中心城市的天然基础。

2. 海产资源

深圳市沿岸海域具有经济价值的各类生物资源有 400 余种,其中海洋渔业资源 50 多种。深圳海域出产丰富,主要的名贵海产鱼类有蛇遛、兰园鲹、金色小沙丁、金钱鱼、大眼鲷等 40 余种,以及虾、蟹、贝类等海产品,年捕捞量约为 7 870 t。

传统的海洋渔业主要是近海捕捞和滩涂养殖。改革开放以来,深圳海洋渔业产业门类明显增加,技术也有了一定的进步,出现工厂化养殖、海上养殖、深水网箱养殖、护养增殖并举的局面。近年来,受填海工程不断扩大的影响,水产品养殖面积进一步减少,致使产值产量明显下降。

2015 年深圳市水产品养殖总面积 3.06 km²,其中海水养殖面积 2.6 km²,淡水养殖面积 0.46 km²。水产品总产量 3.98×10^4 t,其中海产品 3.88×10^4 t,淡水产品 0.10×10^4 t。

1.2.9　滩　　涂[①]

深圳的沿海滩涂主要分布在深圳市西部宝安区沙井街道的西海岸、珠江口伶仃洋的东岸,从南山区粤海街道至福田区沙河街道的深圳湾海岸沿线,以及小铲岛的岸线周边。此外,在深圳东部龙岗区濒临大亚湾的海岸地带也有少量分布。

深圳市西海岸紧邻珠江口,岸线平直,岸坡平缓,浅滩宽广,波浪作用小,潮流动力活跃,属平原海岸类型,沿岸有丰富的滩涂资源,是围海造地的主要区域。

近年来,因城市开发建设工程影响,深圳市沿岸滩涂逐渐减少,由 20 世纪 80 年代的 33.8 km² 减少至 2009 年的 20.29 km²。各类滩涂中,泥质浅滩减少最快,从 1980 年代中期的 23.15 km² 减少至 2009 年的 7.13 km²,减少区主要集中在深圳市西海岸,与该时期深圳市实施围垦造陆工程、港口航道建设工程等有关。

1.3　城市发展概况

经过 1992 年和 2004 年两轮城市化后,深圳市正式成为一个没有农村建制的城市。此后,深圳市科学布局现代产业体系,深入推进全市一体化建设,实现了城市功能和生态环境的双优化,经济社会得到了全面发展。本节从经济发展、社会发展、基础设施建设及生态建设和环境保护 4 个方面阐述深圳城市发展情况。

---

① 引自:深圳市规划和国土资源委员会,2012.《深圳市围填海策略研究及行动计划》

1.3.1　经济发展[①]

1．经济增长

改革开放以来,深圳的国民经济实现了飞速发展。1979 年深圳市国内生产总值(GDP)只有 1.96 亿元,工业生产总值 0.23 亿元,地方财政一般预算收入 0.17 亿元。经济特区成立以来,深圳本市生产总值年均增长 27.88%,至 2017 年,已达 22438.39 亿元,在全国内地大中城市中名列第三;按常住人口计算的人均 GDP 为 18.3 万元,是同期全国平均水平的 3.1 倍,比 1979 年增长了 302 倍,年均增长 16.22%;工业生产总值年均增长 33.18%,至 2016 年达到 28 547.77 亿元,规模以上工业增加值至 2017 年达到 8 087.62 亿元。如图 1.10 所示。

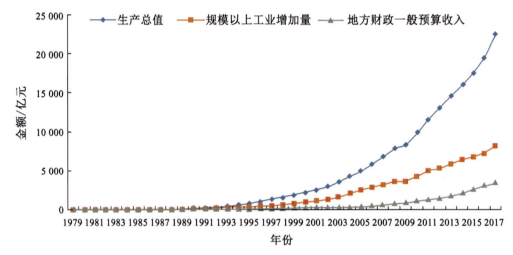

图 1.10　深圳市改革开放以来经济指标变化趋势图(1979~2017 年)

1979~2017 年,全社会固定资产投资额从 0.59 亿元增加到 5 147.32 亿元,年均增长速度达 26.97%;社会消费品零售总额从 1.13 亿元发展到 6 016.19 亿元;进出口总额由 0.17 亿美元,增长到 4 239.39 亿美元,对外开放水平不断提升。至 2017 年,深圳市地方财政一般预算收入年均增长 29.7%,完成 3 332.13 亿元,在全国大中城市中名列第三。如表 1.7 所示。

表 1.7　深圳市主要经济指标变化情况统计表

经济指标	1979 年	2017 年	年均增长率/%
全市生产总值/亿元	1.96	22 438.39	27.88
人均 GDP/(元/人)	606.00	183 127.00	16.22
全社会固定资产投资额/亿元	0.59	5 147.32	26.97

---

①引自:深圳统计年鉴(1980–2016)(深圳市统计局,2017)及《2017 深圳国民经济和社会发展统计公报》

续表

经济指标	1979 年	2017 年	年均增长率/%
地方财政一般预算收入/亿元	0.17	3 332.13	29.70
社会消费品零售总额/亿元	1.13	6 016.19	24.73
进出口总额/亿美元	0.17	4 239.39	30.53

深圳市土地利用效率较高,平均实现 11.24 亿元/ km^2 的地均生产总值、1.67 亿元的财政收入,位居国内大城市前列。在循环经济与可持续发展方面,单位生产总值的能耗、水耗持续下降,也居于全国领先水平。

2. 产业结构

深圳市经济发展水平不断提高,产业结构持续优化。2017 年第一产业增加值 18.54 亿元,第二产业增加值 9 266.83 亿元,第三产业增加值 13 153.02 亿元。三次产业结构由 1979 年的 37∶20.5∶42.5 调整为 0.1∶41.3∶58.6,实现了三次产业结构从"三一二"到"三二一"的战略性调整。现代产业体系框架基本形成,高新技术、金融、物流、文化四大支柱产业增加值占 GDP 的比重超过 63.4%。其中,金融业增加值 3 059.98 亿元,比上年增长 5.7%;物流业增加值 2 276.39 亿元,增长 9.8%;文化及相关产业增加值 1 529.75 亿元,增长 20.6%;高新技术产业增加值 7 359.69 亿元,增长 12.2%。

现代服务业快速发展,2016 年深圳市金融业增加值占 GDP 比重为 13.6%,国内金融机构本外币存、贷款余额分别达到 57 793.30 亿元和 34 034.29 亿元。至 2016 年年末,深圳市银行、证券、保险业资产总额 9.5 万亿元,同比增长 10.5%[①]。创业板成功推出,深圳多层次资本市场正逐步完善。总部经济发展迅速,在深投资的世界 500 强企业达到 193 家。证券、基金、创投业始终保持全国领先地位,全国保险创新发展试验区建设取得积极成果,区域金融中心地位进一步巩固。国家服务外包示范城市建设顺利推进,专业服务、高端旅游等发展加快。

物流产业方面,2017 年深圳全年港口货物吞吐量 24 136.28×10^4 t,比 2016 年增长 12.7%;集装箱吞吐量 2 520.87 万标箱,增长 5.1%,其中,出口集装箱吞吐量 1 277.89 万标箱,增长 3.1%。全市年末拥有港口泊位数 155 个,其中万吨级泊位 74 个。2017 年,深圳市全年机场旅客吞吐量 4 561.06 万人次,比 2016 年增长 8.7%。年末机场通航城市 161 个,通航国家 17 个。

文化产业方面,2017 年文化产业增加值占 GDP 比重达 6.82%,文化与科技、金融、旅游融合发展的模式初步形成。深圳市被联合国教科文组织评为"设计之都""高交会""文博会""国际人才交流大会"等品牌展会的国际影响力进一步扩大。

3. 科技创新

2008 年起,深圳市全面启动国家创新城市建设,进一步完善区域创新体系,全社会研

---

① 引自:中国人民银行.《深圳金融运行报告(2017)》

发投入占 GDP 比重达到 3.6%。源头创新能力显著增强,中国科学院深圳先进技术研究院、国家超级计算深圳中心、深圳华大基因研究院,以及数字音频编解码技术国家工程实验室、电子信息产品标准化国家工程实验室等一批重大科研机构和创新基地落户深圳市,深圳清华大学研究院、深港产学研基地等机构创新能力进一步增强。专利申请量及授权量年平均增长 62.5%。2015 年专利合作协定(patent cooperation treaty,PCT)国际专利申请量达到 1.33 万件,占全国的比重达到 46.9%。

以华为、中兴、比亚迪、腾讯为代表的高新技术产业迅速崛起,2017 年在工业总产值中,计算机、通信和其他电子设备制造业增加值 4 736.3 亿元,比上年增长 11.2%;,占规模以上工业增加值的比重为 58.56%。高新技术产品产值 10 176.19 亿元,其中拥有自主知识产权的高新技术产品产值 6 115.89 亿元,占全部高新技术产品产值的比重 60.1%。战略性新兴产业迅速崛起,在全国率先出台实施生物、互联网、新能源三大产业振兴规划及产业政策,成为首个国家创新型城市和以城市为基本单元的国家自主创新示范区。

1.3.2 社会发展

1. 人口发展

深圳市属于新兴移民城市,人口增长迅速。1979 年深圳市总人口 31.41 万人,其中户籍人口 31.26 万人,非户籍人口 0.15 万人。至 2017 年年末,常住人口已达 1 252.83 万人[①],比 1979 年增加了 1 221.42 万人,增长了近 40 倍,年均增长 10.2%。其中,户籍人口 434.72 万人,占常住人口的 34.7%,较 1979 年增长了 403.46 万人,年均增长速度 7.2%;非户籍人口 818.11 万人,占 65.3%,年均增长 25.41%。1982 年城市(镇)人口比例为 32.28%,1990 年增加到 64.87%,2004 年后实现 100%人口城市化。

根据深圳市历次全国人口普查,1982 年全市总人口 35.19 万人;1990 年全市总人口 166.73 万人,比 1982 年人口总量增长 3.74 倍,年平均增长率为 21.5%;2000 年全市总人口 700.84 万人,比 1990 年人口总量增长 3.2 倍,年平均增长率为 15.4%;2010 年全市总人口 1 035.84 万人,比 2000 年人口总量增长 47.8%,年平均增长率为 4%。根据人口抽样调查,2015 年末,全市总人口为 1 137.89 万人,比 2010 年增加 102.05 万人,增长 9.85%,年平均增长率为 1.90%。

改革开放以来,深圳市城市发展与经济发展始终保持高速增长态势,创造了较多的就业岗位,吸引了大量的市外人员到深圳工作和生活,非户籍人口占常住人口比重较高。近年来随着高技术人才的大力引进和户籍政策的逐步放开,加快了户籍人口增长步伐,其在常住人口所占比重也逐步提升。但深圳城市发展也面临资源环境等多方面的紧约束,近年来实施产业结构转型升级和均衡化发展战略,人口增速有所降低,逐渐进入平稳增长期。如图 1.11、图 1.12、以及表 1.8 所示。

---

①2017 年将深汕合作区纳入深圳常住人口统计. 不计深汕合作区人口(7.57 万人),按此前可比口径统计,深圳常住人口为 1245.26 万人,其中,户籍人口 427.91 万人

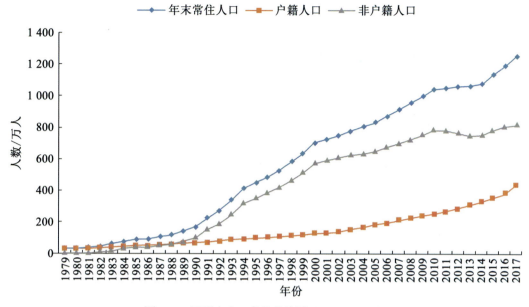

图 1.11 深圳市人口变化趋势图（1979～2017）

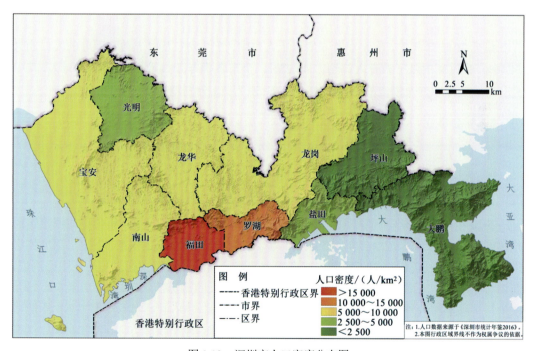

图 1.12 深圳市人口密度分布图

　　根据深圳市 2015 年人口抽样调查,常住人口中,0～14 岁人口占 13.40%,65 岁及以上人口占 3.37%,15～64 岁劳动适龄人口占 83.23%,呈现"两头小,中间大"的"橄榄"形态,劳动适龄人口比重占绝对优势。其中,20～39 岁人口占总人口的 64.50%,反映深圳常住人口以劳动适龄人口为主、以年轻人口为主的特征。

表 1.8　深圳市 2015 年各区土地面积、人口及人口密度统计表[①]

行政区	土地面积 /km²	年末常住人口 /万人	其中		人口密度 /（人/km²）
			户籍人口/万人	非户籍人口/万人	
深圳市	1 997.27	1 137.87	354.99	782.88	5 697
福田区	78.66	144.06	89.01	55.06	18 315
罗湖区	78.75	97.56	57.31	40.26	12 389
南山区	187.47	129.12	75.59	53.52	6 887
盐田区	74.91	22.12	6.20	15.92	2 952
宝安区	396.61	286.33	43.68	242.66	7 219
龙岗区	388.22	205.24	47.72	157.54	5 282
光明区	155.44	53.12	6.18	46.94	3 417
坪山区	165.94	35.61	5.15	30.46	2 146
龙华区	175.58	151.15	20.29	130.86	8 609
大鹏新区	295.32	13.56	3.87	9.69	459

截至 2015 年年末，在 6 岁及 6 岁以上人口中，受过大专及以上教育程度的人口约为 24.46%，受过高中以下教育人口约占 48.25%。全市各类专业技术人员 135.30 万人，其中具有中级技术职称及以上的专业技术人员 41.50 万人，分别增长 5.6% 和 4.4%。

2. 社会事业

深圳市从住房、教育、医疗文化、体育、社会福利设施等多个方面大力推进社会事业发展，不断提高市民的生活质量和民生幸福水平。

1）住房建设

2010 年以来，深圳全市房地产开发投资年均增幅超过 20%。2017 年全市住宅建筑面积达到 $5.84 \times 10^8 \, \text{m}^2$；按照当年常住人口计算，人均住宅建筑面积为 $46.87 \, \text{m}^2$。深圳住房供应总体较为充足，但住房供应结构存在较大缺陷。商品住房套数在住房总量中比例低，新增居住用地紧缺而供应有限，无法满足居民持续增长的购房需求，导致住房买卖市场存在价格持续上涨的预期。原农村集体及村民自建房比例较高，由于建设质量缺陷，不能在市场上流通，难以支撑深圳日益增长的改善型住房需求。住房保障方面，到 2015 年，深圳市已经形成了包括廉租住房、公共租赁住房、经济适用房、安居型商品房以及货币补贴等在内的具有深圳特色、广覆盖、多层次的住房保障体系。2011～2015 年，全市累计新增保障性住房 24.6 万套。但由于近年来新增商品住房供应规模呈现逐年递减趋势，保障性住房尚未形成稳定有效的供应规模，住房供需矛盾依然比较突出。

---

①引自：深圳市统计局，2016. 深圳统计年鉴 2015

2）教育设施

深圳一直将教育放在优先发展的战略地位,高标准实施免费义务教育。教育发展与特区经济和社会发展相适应,基本上满足了人们接受不同层次教育的需要。特别是 2010 年以来,深圳大力加强教育设施的建设和扩容,2017 年全市各级各类学校总数达 2 437 所,在校学生 208.27 万人,提供义务教育学位 114.6 万个,其中,初中 327 所,提供学位 27.3 万个;小学 589 所,提供学位 87.3 万个。此外,有幼儿园 1 683 所,在园幼儿 50.50 万人。但由于人口增加及人口结构变化引起的低龄学生（幼儿园、小学低年级）入学诉求大幅增长,目前的基础教育设施仍然难以满足实际需求。

近年来,深圳高等教育发展迅猛,一批国内外名校和特色学院落户深圳。深圳市先后创办深圳大学、南方科技大学、深圳技术大学、深圳职业技术学院和深圳信息职业技术学院;清华大学、北京大学、哈尔滨工业大学等内地一流院校均在深圳设立研究生院,香港中文大学（深圳）、北理莫斯科大学等一批大学获批招生,中山大学深圳校区等大学正在筹建中,教学科研水平也在稳步提高。2017 年全市高等院校 12 所、有普通高等学校 12 所,在校学生 9.67 万人。2017 年全市普通本专科招生 2.56 万人,在校生 8.06 万人,毕业生 2.09 万人;成人本专科招生 0.89 万人,在校生 2.14 万人,毕业生 0.43 万人;普通高等学校研究生教育招生 0.58 万人,在校研究生 1.61 万人,毕业生 0.43 万人。

3）医疗卫生设施

建市以来,深圳市的医疗卫生服务能力显著提高。2017 年深圳市全市有卫生医疗机构 3 492 个,其中医院 135 家（三级医院 9 家）,社区卫生健康中心 591 家。卫生机构拥有床位 43 868 张,其中医院病床 39 899 张。全市有卫生技术人员 8.53 万人,全年各级各类医疗机构完成诊疗量 8 705.44 万人次,其中处理急诊 746.37 万人次。入院人次 150.73 万人次,病床使用率 84.8%。2017 年全市市民体质综合评定达到《国民体质测定标准》合格以上人数比例为 92%。其中,优秀率为 12.5%,良好率为 42.1%。

4）文化设施

深圳市于 2003 年确立"文化立市"战略,推动文化改革创新,强化"文化＋科技""文化＋金融""文化＋旅游"的特色,谋划布局文化发展空间,提升文化品质。深圳以"创意、创新"作为文化追求,以"设计之都"强化城市文化和品格,着力打造具有国际影响力的"创意之城、时尚之都",大力发展青春时尚、开放多元、先锋创意的现代都市文化,营造国际化文化氛围,2008 年被联合国教科文组织授予"设计之都"称号。2017 年深圳市全市有各类公共图书馆 632 座,公共图书馆总藏量 4 070 万册（件）,全市拥有博物馆、纪念馆 47 座,美术馆 15 座,拥有广播电台 1 座,电视台 2 座,广播电视中心 3 座,广播、电视人口覆盖率达 100%。全市影剧院 175 家,有街道和社区等基层文化活动中心 589 处。全年报纸出版印数 26 147 万份;杂志 737 万册;图书 1 639 万册。

深圳市公共文化设施资源丰富,市属公益文化场馆在全国率先实行免费开放,城市街区 24 h 自助图书馆系统与"市民文化大讲堂"获国家"文化创新奖"。何香凝美术馆、关山月美术馆、深圳音乐厅、保利剧院、观澜版画村、大芬村美术馆等都已经成为深圳市传播文化、服务大众的重要载体。

5）体育设施

深圳市居民的体育文化环境在不断得到改善。2015 年,全市共有市、区级大型体育中心 6 处,市、区级体育场 11 处,市、区级体育馆 18 处,游泳馆 26 处。借助举办 2011 年世界大学生运动会的契机,深圳建设了深圳湾体育中心、龙岗体育中心、宝安体育中心等一批标志性的大型体育设施建筑。2015 年深圳全市健身路径达到 3 000 余条,室内外篮球场 635 个,健身苑 69 个,体育场地面积达 1 443×10^4 m^2。深圳市不断壮大体育产业,成功举办了“中国杯”帆船赛、深圳国际马拉松、WTA 和 ATP 深圳公开赛、中国网球大奖赛、深圳国际元老网球巡回赛、ITF 网球系列赛等国际高端赛事。

6）社会福利设施

深圳市逐步完善社会福利事业。2017 年,全市有机构养老设施 36 家,建筑面积 27.7×10^4 m^2,床位数 8 247 张;建设社区老年人日间照料中心 86 家,床位 1 869 张。社会救助管理站 3 个,救助管理站床位数 600 张。2017 年全市有 1 133.53 万人参加了城镇职工基本养老保险,1 089.49 万人参加了失业保险。居民最低生活保障线以下人数 5 126 人;全年共发放最低生活保障金 4 464.42 万元。随着深圳市老龄人口数量与比例的增加,养老设施紧缺的矛盾凸显,民营资本进入养老产业热情高涨[①]。

1.3.3　基础设施建设

1. 交通设施建设

交通是城市经济社会持续健康发展的基础保障。目前深圳市已初步建成海陆空铁齐全、资源配置集约、辐射国际国内的一体化综合交通运输体系,基本建成全国性交通枢纽城市。

1）机场建设

1991 年深圳宝安国际机场正式通航,是国内第一个实现海、陆、空联运的现代化国际空港。自通航以来,深圳宝安国际机场旅客吞吐量和货邮吞吐量高速增长,连续多年名列全国大型机场前列。2013 年深圳机场新航站楼正式启用,深圳机场迈进“大航站区+双跑道”时代。2017 年,深圳宝安国际机场旅客吞吐量 4 561.06 万人次,旅客吞吐量排名国内机场第五,其中国际和地区旅客 359.8 万人次,国际旅客 295.4 万人次,分别比 2016 年增长了 8.7%和 32.4%。年末机场通航城市 161 个,通航国家 17 个,其中国际通航城市 36 个,洲际客运通航城市 10 个。

---

①引自:深圳市民政局.《深圳市发展和改革委员会,关于全面放开养老服务市场提升养老服务质量的若干措施》

2）港口建设

深圳经济特区成立三十多年来,先后建成蛇口、赤湾、妈湾、盐田、大铲湾等十个港区,对于深圳发展外向型经济和迈向国际化发挥了举足轻重的作用。在近年国内外经济放缓、周边港口同质竞争的严峻形势下,深圳紧抓国家实施"一带一路"发展机遇,努力构建功能完备的国际航运枢纽,支撑引领城市经济社会发展。全市港口泊位由 2000 年的 127 个增加至 2017 年的 155 个,其中万吨级以上泊位由 38 个增至 74 个。深圳港口货物吞吐量保持持续快速增长,集装箱吞吐量 2017 年达到 2 520.87 万标箱,其中,出口集装箱吞吐量 1 277.89 万标箱,连续五年成为仅次于上海和新加坡的全球第三大集装箱港口。

深圳市自 2015 年后积极拓展国际航线网络,吸引三大联盟航线①落户深圳,于 2016 年开通集装箱国际班轮航线 226 条,以欧美航线为主,其中三大联盟航线超过 100 条。同时,深圳积极优化集疏运体系,着力推进"组合港–绿色港口链工作",引导货主采用水路和铁路等更为环保的运输方式。全年共开通覆盖 52 个珠三角支线码头的 60 条驳船航线,开通 14 条海铁联运班列线路,建立 11 个内陆无水港;完成集装箱驳船吞吐量 463.4 万标箱,同比增长 9.2%。

深圳不断加强与国际航运界的交流与合作,目前深圳港国际友好港数量已达到 23 个。邮轮新兴产业在深圳市得到发展,依托太子湾邮轮母港,深圳市逐步构建邮轮产业体系,发展水上客运和近海观光旅游。自 2016 年 11 月邮轮母港开港以来累计靠泊国际邮轮 154 艘次,进出港邮轮旅客超 21 万人次;同时开通了深圳蛇口至外伶仃岛和中山两条水上客运航线及深圳湾"海上看深圳"游船航线,为市民出行、旅游观光提供了新的选择。

3）口岸建设

到 2015 年,深圳已建成各类口岸 15 个,海陆空口岸一应俱全。其中包括铁路口岸 2 个,分别为罗湖口岸、福田口岸;水运口岸 8 个,分别为盐田港口岸、大亚湾口岸、梅沙口岸、蛇口口岸、赤湾口岸、妈湾口岸、东角头口岸、大铲湾口岸;公路口岸 4 个,分别为皇岗口岸、沙头角口岸、文锦渡口岸、深圳湾口岸;航空口岸 1 个,为宝安国际机场口岸。2017 年,经深圳口岸出入境人员 2.4 亿人次,日均 66.2 万人次;车辆 1 586.5 万辆次,日均 4.35 万辆次,口岸通关能力和效率稳步提高。

4）国家铁路与枢纽建设

深圳市内国家铁路有普速铁路和高速铁路两大网络。普速铁路包括广深铁路（四线）及平南铁路、平盐铁路两条支线,已投入运营的高速铁路有广深港客运专线及厦深铁路。2011 年以来,随着广深港客运专线广州至深圳北站段和福田中心站、厦深铁路深圳段和深圳坪山站的建成通车,深圳铁路辐射能力大幅提升,深圳铁路发展迈入高铁时代,成为华南地区重要的铁路枢纽,枢纽城市的地位不断提升。

目前深圳的国家铁路呈"双十字"布局;客运枢纽为"两主三辅":"两主"即深圳北

---

①三大联盟航线:2 M（由马士基和地中海航运组成）、Ocean 联盟（中远集运、法国达飞、长荣海运和东方海外组成）、THE 联盟（由赫伯罗特、阳明海运、商船三井、日本邮船和川崎汽船组成）

站、深圳站;"三辅"即深圳东站、深圳西站、福田站。京广深港客运专线光明城站和厦深铁路坪山站已经建成通车,但目前仅承担过境站功能。在货运方面,目前以广深铁路(Ⅰ、Ⅱ线)、平盐铁路、平南铁路为主,并在平湖南设有集装箱中心站,承担盐田港、蛇口港、妈湾港的货物运输功能,同时平南铁路沿线的西丽站、坂田站也承担了一定量的零散货物进出。截至 2015 年,深圳地区有国家铁路 125 km,地方铁路 65 km。2017 年铁路运输旅客 7 041.89 万人,旅客运输周转量 210.16 亿人/km;铁路运输货物 70.66×10^4 t,货物运输周转量 0.74×10^8 t /km。

5)城市轨道与公共交通

深圳市的城市轨道交通系统始建于 1999 年,地铁一期工程 1、4 号线于 2004 年 12 月28 日正式通车;深圳地铁二期工程于 2011 年 6 月全线开通, 5 条线路全长共计 178 km,轨道站点 118 个;2016 年轨道三期中的 7、9、11 号线陆续通车运行,深圳轨道运营里程达到 286 km,轨道站点 168 个,构成覆盖深圳市罗湖、福田、南山、宝安、龙岗、龙华六个市辖行政区的地铁网络。深圳建设"公交都市"和"绿色交通"成绩斐然,城市交通正在由以道路交通为主的单一交通方式,转变形成以轨道交通为骨干、常规公交为网络、出租车为补充、慢行交通为延伸、多种交通方式组成的综合立体交通系统。

截至 2017 年,深圳共开设公交线路 1 019 条,公交停靠站 10 279 个,运营公交车辆16 873 辆。2017 年,深圳公交日均客运量达到 1 067 万人次,公交机动化出行分担率达到55%。同时,全力推进公交纯电动化,共推广纯电动公交车 16 000 多辆,成为全球率先实现公交 100%纯电动化的大城市。

6)道路建设

2017 年深圳市道路总里程约 6 500 km,其中高快速公路 452 km,主干道 1 250 km,次干道 995 km。次干道以上全市路网密度约 3 km/ km²,各等级道路密度基本达到国家标准。沿江高速公路、广深高速、南光高速、龙大高速、梅观高速、盐排高速和机荷高速、盐坝高速共同形成"六纵两横"的高速公路网络格局,使得深圳与周边地区及城市公共交通的客货运输接驳与城郊之间的骨干公路网络已经形成"四通八达"的快速通道。由滨海大道、北环大道、南坪快速路和香蜜湖路、丹坪路构成了承担原特区内与市域范围内副中心、功能组团快速联系功能的"三横两纵"的快速网络。深圳共建成运营公路客运站48 个,其中 12 个主枢纽站、7 个一般枢纽站,基本覆盖全市各街道;公路货运枢纽形成由平湖公铁联运枢纽站,与新安货运站、笋岗货运站、丹竹头货运站、龙华货运站、龙岗货运站、松岗货运站等构成"1+6"货运枢纽体系。建立了与海空港、铁路和口岸枢纽等紧密衔接的公路枢纽场站体系,国家公路主枢纽地位得到进一步巩固。

随着 2010 年特区扩大到全市域,深圳道路交通逐步进入全市规划、建设、管理一体化时代。自 2015 年,深圳市二线关口全面拆除,丹平快速一期、南坪快速二期、清平高速二期、新彩通道建成通车,外环高速、南坪三期、坂银通道、深华快速路、丹平快速路二期顺利推进,全面强化了特区一体发展的交通联系,全市居民通勤出行范围逐步由原特区内拓展至新安、西乡、龙华、坂田、布吉、横岗等外围城区。

2. 市政基础设施

深圳的大型市政设施建设成效显著,为城市经济和社会的持续发展提供了有力的基础性保障,包括水资源和能源保障、供排水工程、供电供气工程、通信工程、环境卫生工程等市政设施的规划建设布局。

1) 水资源设施建设

至 2017 年,深圳市全市供水综合生产能力(包括自备水源)709×10^4 m³/日,全年用水总量 20.17×10^8 m³。其中,规模以上工业用水量 4.56×10^8 m³,居民生活用水量 7.32×10^8 m³。全市自来水普及率达 100.0%。全市共有蓄水工程 168 个,总库容 7.7×10^8 m³。建有东深、东部(一期、二期)两大境外引水工程,线路总长 186.4 km。水资源利用效率较高,2017 年全市万元 GDP 用水量为主要供水企业供水总量约 17.49×10^8 m³,比 2016 年增长 2.8%。万元 GDP 用水量降至 9.16 m³,比 2016 年下降约 10.3%。为提高居民饮用水质量,2017 年深圳市完成 340 个优质饮用水入户工程、108 个原特区外社区供水管网改造工程,创建 152 个优质饮用水达标小区。

城市水安全保障能力持续增强。截至 2017 年,深圳市建成防洪排涝工程 23 项,建设内涝积水监测点 150 个,整治易涝点 59 个。建成三防决策支持平台、视频监控整合平台以及 22 个固定基站的数字集群通信系统。

2) 电力设施建设

深圳市境内电源装机总容量为 $1\,306 \times 10^4$ kW 千瓦,南方电网电源供应 $1\,025 \times 10^4$ kW 负荷,包括大亚湾核电站、岭澳核电站、沙角电厂、西电东送(贵广 II 回工程)、粤东电源输送至深圳电源。2015 年全社会用电量达 815×10^8 kW 时,最高用电负荷 $1\,578 \times 10^4$ kW。

3) 燃气设施建设

深圳市的燃气供应以管道供应天然气为主,天然气来自秤头角的大鹏液化天然气接收站和西气东输二线工程求雨岭燃气基地,气化后的天然气通过管道输向城市用户和电厂用户。2016 年全年城市天然气用气量 32.96×10^8 m³(263.69×10^4 t),全年电厂天然气用量 21.31×10^8 m³,瓶装液化石油气用气量 40.46×10^4 t。

4) 环卫设施建设

2016 年,深圳市已建成生活垃圾转运站 990 座,其中大型转运站 1 座、小型转运站 989 座,基本建成现代化的生活垃圾收运系统;共建成垃圾焚烧厂和填埋场 8 处、医疗垃圾处理厂和工业危废处理厂 9 座,基本形成以焚烧为主的生活垃圾处理系统。但随着人口持续增长,固体废弃物产生规模增速较快,现有的垃圾转运设施与处理设施均超负荷运行,难以保障城市可持续发展。全市垃圾处理基础设施建设进入改造提升阶段,2017 年深圳市已完成 114 座垃圾转运站升级改造,并全面推行生活垃圾强制分类制度,建立了八大类垃圾的分类投放、分类收集、分类运输、分类处理体系,率先发布了国内首张《家庭生活垃圾分类投放指引》,为全国大中城市的垃圾分类探索了可操作的路径。

1.3.4 生态建设和环境保护

生态建设和环境保护是深圳市城市建设发展的重要工作。截至 2017 年,深圳市城市建成区绿化覆盖率 45.1%,全市绿化覆盖面积 1 019 km²;城市污水处理率 96.8%,生活垃圾无害化处理率 100%。

1. 公园建设

深圳市构建了"自然公园—城市公园—社区公园"三级公园体系。自然公园包括森林公园、郊野公园、地质公园、湿地公园等;城市公园包括综合公园和专类公园;社区公园是指为一定范围内居民提供户外休憩、运动和观赏等活动空间的开放式绿地。

通过"公园建设年""园林城市建设""美丽深圳绿化提升行动"等专项行动,深圳的公园建设取得显著成效。根据《深圳市绿化资源普查》和 2016 年公园名录,全市公园总数达 1 048 个,其中自然公园 28 个,城市公园 175 个,社区公园 845 个;公园占地面积 400.89 km²,其中自然公园 311.82 km²,城市公园 76.90 km²,社区公园 12.17 km²。空间分布方面,居住用地公园 500 m 服务半径覆盖率达 73.92%,福田、罗湖、盐田覆盖率超过 90%。

通过开展公园文化周系列活动,以及人民公园月季花展、园博园茶花展、洪湖公园荷花展、莲花山公园簕杜鹃花展等,公园品质得到显著提升,有效促进了城市自然与人文的交融。

2. 生物多样性保护与自然保护区建设

深圳地处南亚热带低山丘陵地区,动植物种类丰富。根据多年调查研究,深圳维管束植物多达 3 263 种,有野生分布的国家级和省级珍稀濒危植物 20 种,建成了国家兰科植物种质资源中心。深圳陆生野生动物属国家级一、二级重点保护动物 83 种,包括两栖类、爬行类、鸟类和哺乳类,其中鸟类 60 余种。

深圳通过自然保护区建设保护各类自然生境和物种。1984 年建立了内伶仃福田红树林国家级自然保护区,重点保护野生猕猴及其生境、滨海红树林湿地及鸟类生境。目前正在开展大鹏半岛市级自然保护区、田头山市级自然保护区、铁岗—石岩湿地市级自然保护区建设,保护南亚热带常绿阔叶林和珍稀濒危物种。2005 年,深圳在全国率先划定基本生态控制线(图 1.13),将全市约一半的土地划入生态控制线进行保护,严格控制各类建设项目。同时,注重加强生态保护修复,已完成深圳湾滨海红树林修复工程、内伶仃岛整治修复及保护工程,深圳湾候鸟种类和数量大幅增加。

3. 绿地系统建设

深圳市各类绿地达 1 051.61 km²,人均城市绿地面积 27 m²。其中,城市建设用地中绿地之外的附属绿地达 114.11 km²,占绿地总面积的 10.85%;风景名胜区、水源保护区、湿地等其他绿地达 740.51 km²,占绿地总面积的 70.42%。除建设"千园之城"外,全市建成

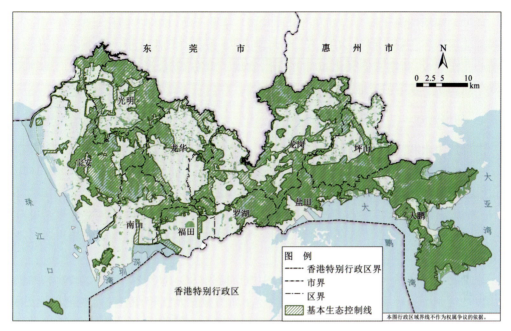

图 1.13　深圳市基本生态控制线范围图

绿道超过 2 200 km，包括省立绿道 359 km 、城市绿道和社区绿道 1 800 多千米，绿道密度超过 1 km/km²，基本实现市民骑行 5 min 可达社区绿道、15 min 可达城市绿道[①]。如图 1.14 所示。

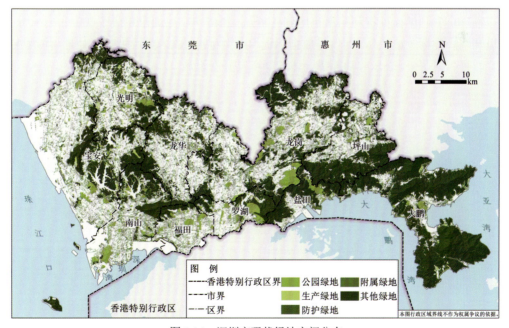

图 1.14　深圳市现状绿地空间分布

————————————————

①引自：深圳市城市管理局，深圳市规划和国土资源委员会，2017.《深圳市绿地系统规划（2014-2030）》

通过美丽深圳绿化提升行动和"世界花城"建设行动,深圳的绿化呈现新景观,不断增强绿化层次和色彩。截至 2017 年,全市建成 20 条花卉景观大道、74 个花漾街区、151 个街心花园建设,新增立体绿化 $40 \times 10^4 \, \mathrm{m}^2$,实现了滨海滨河、深南大道、市民广场等 8 个路段节点、16 个城市门户地区的绿化品质提升。

4. 环境治理

深圳地表水和沿海海域水污染比较严重,主要河流下游断面水质多在劣 V 类,西丽水库、石岩水库等供水水库水质为 III 类。为改善水环境,全市投入大量资金开展水环境治理,建设了深圳水库等隔离围网、污水截排工程、生态修复工程及水土保持综合治理工程。同时,累计淘汰低端落后企业超过 1.6 万家,龙岗河、坪山河、观澜河流域关停重污染企业 525 家,对 1 125 家企业实施强制性清洁生产审核。通过这些措施,部分河流水质污染程度有所减轻。

深圳的大气环境质量总体上居全国大中城市前列,SO_2、NO_2 和可吸入颗粒物、细颗粒物浓度均达到国家环境空气质量二级标准。深圳的雾霾天气和 $PM_{2.5}$ 等监测指标显示,得益于大力度的电厂治理、调整燃料结构、优化产业升级等原因,深圳的大气环境质量在不断改进提升中。但随着机动车保有量的快速增长,机动车污染物排放问题仍然比较严重,近期通过实施强化公共交通运量、公交车与出租车电动化、严格实施国家第 IV 阶段机动车排放标准等措施,污染物排放问题有所缓解。

应对快速增长的城市人口所产生的大量生活垃圾,深圳的固废处理能力一直面临挑战。2015 年,生活垃圾产生总量 $575 \times 10^4 \, \mathrm{t}$,无害化处理率为 100%;收集处置利用工业危险废物 $30.87 \times 10^4 \, \mathrm{t}$,处置利用率也达到 100%。2017 年,深圳市完成了盐田、南山、宝安垃圾焚烧厂提标改造工作,烟气排放指标优于欧盟标准,成为集垃圾焚烧处理、垃圾分类科普教育、市民休闲娱乐等功能于一体的环境友好型设施。

第 *2* 章

深圳市土地调查的特点及发展历程

　　土地调查是指对土地的地类、位置、面积、分布等自然属性和土地权属等社会属性及其变化情况进行的调查、监测、统计、分析活动。土地调查主要形式包括全国土地调查、土地变更调查和土地专项调查。从 1984～2015 年,深圳市完成了两次全国土地调查,在两次全国土地调查基础上开展了 1996～2008 年、2010～2015 年土地变更调查,除此之外根据工作需要开展耕地后备资源调查以及城市用地调查两项专项调查。在此过程中,深圳市土地调查的组织机制不断完善,技术方法不断进步,数据成果不断丰富,应用服务水平不断提升,逐步形成了具有深圳特色的土地调查制度体系。

2.1 土地调查的概念及分类体系

2.1.1 土地调查的概念

土地调查是指对土地的地类、位置、面积、分布等自然属性和土地权属等社会属性及其变化情况进行的调查、监测、统计、分析活动[①]。土地调查的主要目的,是为了全面查清土地资源和利用状况,掌握真实准确的土地基础数据,为科学规划、合理利用、有效保护土地资源,实施最严格的耕地保护制度,加强和改善宏观调控提供依据,促进经济社会全面协调可持续发展[②]。

根据《土地调查条例实施办法》(原国土资源部令第45号),土地调查主要形式包括全国土地调查、土地变更调查和土地专项调查。

(1)全国土地调查。指国家根据国民经济和社会发展需要,对全国城乡各类土地进行的全面调查。全国土地调查由国务院全国土地调查领导小组统一组织,县级以上人民政府土地调查领导小组遵照要求实施。

(2)土地变更调查。指在全国土地调查的基础上,根据城乡土地利用现状及权属变化情况,随时进行城镇和村庄地籍变更调查和土地利用变更调查,并定期进行汇总统计。土地变更调查由国土资源部会同有关部门组织,县级以上国土资源行政主管部门会同有关部门实施。

(3)土地专项调查。指根据国土资源管理需要,在特定范围、特定时间内对特定对象进行的专门调查,包括耕地后备资源调查、土地利用动态遥感监测和勘测定界等。土地专项调查由县级以上国土资源行政主管部门组织实施。

1980年至今,深圳市按照国家统一部署,组织开展了两次全国土地调查工作。在第一次全国土地详查[③]基础上开展了1996~2008年土地变更调查工作,在第二次全国土地调查基础上开展了2010~2016年土地变更调查工作。此外,按照国家统一部署组织开展了耕地后备资源调查等土地专项调查工作。

2.1.2 土地利用现状分类体系

1. 土地利用现状分类概况

土地利用现状分类规定了土地利用的类型和含义,适用于土地调查、规划、评价、统计、登记及信息化管理等工作,是土地调查用地分类的基础依据。

---

①引自:国土资源部. 土地调查条例实施办法(国土资源部令第45号),2009.6

②引自:国务院. 土地调查条例(国令第518号). 2008.2

③第一次全国土地调查又名全国土地详查

1980～2016 年,我国先后发布了 3 版土地利用现状分类标准,分别是:1984 年全国农业区划委员会发布的《土地利用现状调查技术规程》[①]、2001 国土资源部下发的《关于印发试行〈土地分类〉的通知(试行)》(国土资发〔2001〕255 号)、2007 年原国家质量监督检验检疫总局和国家标准化管理委员会共同发布的《土地利用现状分类》(GB/T 21010—2007)。

1)《土地利用现状调查技术规程》

该分类标准用于第一次全国土地调查及 1996～2001 年的土地变更调查,共分为耕地、园地、林地、牧草地、居民点及工矿用地、交通用地、水域、未利用土地 8 个一级分类和 46 个二级分类,统一编码排列。广东省在全国统一编码顺序的原则下,在全国二级分类下又增设了 75 个三级分类[②]。深圳市根据广东省土地利用现状分类标准,结合本市实际情况,统一采用国家、省统一的 8 个一级地类、46 个二级地类分类体系,并适当简化三级地类[③]。

2)《土地分类(试行)》

2001 年 8 月,随着新的《中华人民共和国土地管理法》实施,为适应经济社会发展和实施土地用途管制制度的需要,在 1984 年版土地利用现状分类的基础上,国土资源部下发了《关于印发试行〈土地分类〉的通知》(国土资发〔2001〕255 号),自 2002 年 1 月 1 日起在全国范围试行,并用于 2002～2008 年的土地变更调查。《土地分类(试行)》采用三级分类,其中,一级分为农用地、建设用地和未利用地 3 类;二级分为耕地、园地、林地、牧草地、其他农用地、商服用地、工矿仓储用地、公用设施用地、公共建筑用地、住宅用地、交通运输用地、水利设施用地、特殊用地、未利用土地和其他土地 15 类;三级分为 71 类。《土地分类(试行)》是城乡一体化的土地分类,适用于城镇和村庄大比例尺地籍调查。

考虑到当时全国土地调查的工作水平,国土资源部认为未完成城镇和村庄地籍调查的区域,土地变更调查和全国土地统计年报无法执行新的《土地分类(试行)》,因而提出实施过渡期,该分类标准中的商服用地、住宅用地、交通用地等建设用地二级类和三级类暂不启用。土地调查可按照原《土地利用现状调查技术规程》不调查"居民点及工矿用地、交通用地"内部情况。

作为高度城市化地区,深圳市土地利用变更调查严格按照《土地分类(试行)》开展,调查成果包括农用地、建设用地、未利用地 3 个一级类,15 个二级类,71 个三级类,在后期向国家和省国土资源部门进行面积汇总时,再将商服用地、住宅用地等建设用地归并到居民点及工矿用地[④]。

---

①引自:全国农业区划委员会,1984. 土地利用现状调查技术规程. 北京: 测绘出版社

②引自:国土志编纂委员会［2003-12］. 广东省志. 国土志. 2003.12

③引自:深圳市规划国土局,1998. 深圳市土地资源. 北京: 中国大地出版社

④引自:深圳市国土资源和房产管理局［2004-9］. 深圳市 2004 年度土地利用变更调查及数据库建设技术方案设计

3)《土地利用现状分类》

2007 年发布的《土地利用现状分类》（GB/T 21010—2007）一直沿用至 2016 年，是年度土地变更调查、用地审批等土地利用管理工作的基础。《土地利用现状分类》采用两层次分类体系，共分 12 个一级类、57 个二级类，采用数字编码，一级采用两位阿拉伯数字编码，二级采用一位阿拉伯数字编码，从左到右依次代表一、二级。该分类体系主要考虑三方面的因素：一是依据土地用途和利用方式，考虑到农、林、水、交通等有关部门需求，设定耕地、园地、林地、草地、水域及水利设施用地、交通运输用地；二是依据土地利用方式和经营特点，考虑到城市管理等有关部门的需求，设定商服用地、工矿仓储用地、住宅用地、公共管理与公共服务用地、特殊用地；三是为了保证地类的完整性，对上述一级类中未包含的地类，设定其他土地。在二级类的设定上，主要依据自然属性、覆盖特征、用途和经营目的等方面的土地利用差异，对一级类进行具体细化。

12 个一级类具体分类如表 2.1 所示。

表 2.1　土地利用现状分类一览表

一级类		二级类	
代码	名称	代码	名称
01	耕地	011	水田
		012	水浇地
		013	旱地
02	园地	021	果园
		022	茶园
		023	其他园地
03	林地	031	有林地
		032	灌木林地
		033	其他林地
04	草地	041	天然牧草地
		042	人工牧草地
		043	其他草地
05	商服用地	051	批发零售用地
		052	住宿餐饮用地
		053	商务金融用地
		054	其他商服用地
06	工矿仓储用地	061	工业用地
		062	采矿用地
		063	仓储用地

续表

一级类		二级类	
代码	名称	代码	名称
07	住宅用地	071	城镇住宅用地
		072	农村宅基地
08	公共管理与公共服务用地	081	机关团体用地
		082	新闻出版用地
		083	科教用地
		084	医卫慈善用地
		085	文体娱乐用地
		086	公共设施用地
		087	公园与绿地
		088	风景名胜设施用地
09	特殊用地	091	军事设施用地
		092	使领馆用地
		093	监教场所用地
		094	宗教用地
		095	殡葬用地
10	交通运输用地	101	铁路用地
		102	公路用地
		103	街巷用地
		104	农村道路
		105	机场用地
		106	港口码头用地
		107	管道运输用地
11	水域及水利设施用地	111	河流水面
		112	湖泊水面
		113	水库水面
		114	坑塘水面
		115	沿海滩涂
		116	内陆滩涂
		117	沟渠
		118	水工建筑用地
		119	冰川及永久积雪

续表

一级类		二级类	
代码	名称	代码	名称
		121	空闲地
		122	设施农用地
		123	田坎
12	其他土地	124	盐碱地
		125	沼泽地
		126	沙地
		127	裸地

（1）耕地。指种植农作物的土地，包括：熟地，新开发、复垦、整理地，休闲地（含轮歇地、轮作地）；以种植农作物（含蔬菜）为主，间有零星果树、桑树或其他树木的土地；平均每年能保证收获一季的已垦滩地和海涂。耕地中包括：南方宽度小于 1 m、北方宽度小于 2 m 的固定沟、渠、路和地坎（埂）；临时种植药材、草皮、花卉、苗木等的耕地，以及其他临时改变用途的耕地。

（2）园地。指种植以采集果、叶、根、茎、汁等为主的集约经营的多年生木本和草本作物，覆盖度大于 50%或每亩株数大于合理株数 70%的土地，包括用于育苗的土地。

（3）林地。指生长乔木、竹类、灌木的土地，以及沿海生长红树林的土地，包括迹地，不包括居民点内部的绿化林木用地，铁路、公路征地范围内的林木，以及河流、沟渠的护堤林。

（4）草地。指生长草本植物为主的土地。

（5）商服用地。指主要用于商业、服务业的土地。

（6）工矿仓储用地。指主要用于工业生产、物资存放场所的土地。

（7）住宅用地。指主要用于人们生活居住的房基地及其附属设施的土地。

（8）公共管理与公共服务用地。指用于机关团体、新闻出版、科教文卫、风景名胜、公共设施等的土地。

（9）特殊用地。指用于军事设施、涉外、宗教、监教、殡葬等的土地。

（10）交通运输用地。指用于运输通行的地面线路、场站等的土地，包括民用机场、港口、码头、地面运输管道和各种道路用地。

（11）水域及水利设施用地。指陆地水域、海涂、沟渠、水工建筑物等用地，不包括滞洪区和已垦滩涂中的耕地、园地、林地、居民点、道路等用地。

（12）其他土地，指上述地类以外的其他类型的土地。

2. 全国土地调查分类归并及对应关系

2007 年，国家颁布《第二次全国土地调查技术规程》（TD/T 1014—2007）。该规程为加强调查成果与国土资源管理工作的结合，提升调查工作可操作性，要求土地调查对土地利用现状分类进行归并处理。主要的归并形式包括两类：一是将土地利用现状分类归并为农用地、建设用地、未利用地三大类;二是将商服用地、工矿仓储用地、住宅用地、公共服务与公共设施用地、特殊用地,以及交通运输用地中的街巷用地和其他土地中的空闲地归并为城镇村及工矿用地。

2013 年,国家发布《关于第二次全国土地调查主要数据成果的公报》,正式发布第二次全国土地调查数据成果。公报分为耕地、园地、林地、草地、城镇村及工矿用地、交通运输用地、水域及水利设施用地、其他土地 8 大类。由于城镇村及工矿用地包括了交通运输用地中的街巷用地和其他土地中的空闲地,所以公报中的交通运输用地扣除了街巷用地,其他土地中扣除了空闲地,与土地利用现状分类中的交通运输用地、其他土地略有差异,面积汇总统计结果不同,如表 2.2 所示。

表 2.2　三大类、土地调查公报分类与土地利用现状分类对应关系表

三大类	土地调查公报分类	土地利用现状分类			
		一级类		二级类	
农用地	耕地	01	耕地	011	水田
				012	水浇地
				013	旱地
	园地	02	园地	021	果园
				022	茶园
				023	其他园地
	林地	03	林地	031	有林地
				032	灌木林地
				033	其他林地
	草地	04	草地	041	天然牧草地
				042	人工牧草地
	交通运输用地①	10	交通运输用地②	104	农村道路
	水域及水利设施用地	11	水域及水利设施用地	114	坑塘水面
				117	沟渠
	其他土地①	12	其他土地②	122	设施农用地
				123	田坎
建设用地	城镇村及工矿用地	05	商服用地	051	批发零售用地
				052	住宿餐饮用地
				053	商务金融用地
				054	其他商服用地
		06	工矿仓储用地	061	工业用地
				062	采矿用地
				063	仓储用地

续表

三大类	土地调查公报分类	土地利用现状分类			
		一级类		二级类	
建设用地	城镇村及工矿用地	07	住宅用地	071	城镇住宅用地
				072	农村宅基地
		08	公共管理与公共服务用地	081	机关团体用地
				082	新闻出版用地
				083	科教用地
				084	医卫慈善用地
				085	文体娱乐用地
				086	公共设施用地
				087	公园与绿地
				088	风景名胜设施用地
		09	特殊用地	091	军事设施用地
				092	使领馆用地
				093	监教场所用地
				094	宗教用地
				095	殡葬用地
		10	交通运输用地②	103	街巷用地
		12	其他土地②	121	空闲地
	交通运输用地①	10	交通运输用地②	101	铁路用地
				102	公路用地
				105	机场用地
				106	港口码头用地
				107	管道运输用地
	水域及水利设施用地	11	水域及水利设施用地	113	水库水面
				118	水工建筑用地
未利用地	水域及水利设施用地	11	水域及水利设施用地	111	河流水面
				112	湖泊水面
				115	沿海滩涂
				116	内陆滩涂
				119	冰川及永久积雪
	草地	04	草地	043	其他草地
	其他土地①	12	其他土地②	124	盐碱地

续表

三大类	土地调查公报分类	土地利用现状分类			
		一级类		二级类	
未利用地	其他土地①	12	其他土地②	125	沼泽地
				126	沙地
				127	裸地

注：交通运输用地①不包括街巷用地，交通运输用地②包括街巷用地；其他土地①不包括空闲地，其他土地②包括空闲地

2.1.3　城市用地分类体系

1. 全国城市用地分类

为统一全国城市用地分类，科学地编制、审批、实施城市规划，合理经济地使用土地，保证城市正常发展，建设部于 1990 年制定了《城市用地分类与规划建设用地标准》（GBJ 137—90）。该标准适用于城市中设市城市的总体规划工作和城市用地统计工作，在城乡规划建设部门得到广泛使用。

城市用地按土地使用的主要性质进行划分和归类。城市用地分类采用大类、中类和小类三个层次的分类体系，共分 10 大类，46 中类，73 小类，以满足不同层次规划的要求。城市用地分类采用字母数字混合型代号，大类应采用英文字母表示，中类和小类各采用一位阿拉伯数字表示，分类代号可用于城市规划的图纸和文件。如表 2.3 所示。

表 2.3　城市用地分类 10 大类

类别名称	类别代号	范围
居住用地	R	居住小区、居住街坊、居住组团和单位生活区等各种类型的成片或零星的用地
公共设施用地	C	行政办公、商业金融业、文化娱乐、体育、医疗卫生、教育科研设计、文物古迹及其他公共设施等用地
工业用地	M	工矿企业的生产车间、库房及其附属设施等用地，包括专用的铁路、码头和道路等用地，不包括露天矿用地，该用地应归入水域和其他用地（E）
仓储用地	W	仓储企业的库房、堆场和包装加工车间及其附属设施等用地
对外交通用地	T	铁路、公路、管道运输、港口和机场等城市对外交通运输及其附属设施等用地
道路广场用地	S	市级、区级和居住区级的道路、广场和停车场等用地
市政公用设施用地	U	市级、区级和居住区级的市政公用设施用地，包括其建筑物、构筑物及管理维修设施等用地

续表

类别名称	类别代号	范围
绿地	G	市级、区级和居住区级的公共绿地及生产防护绿地,不包括专用绿地、园地和林地
特殊用地	D	军事、外事、保安等特殊性质的用地
水域和其他用地	E	除以上各大类用地之外的用地

2011 年颁布了新版《城市用地分类与规划建设用地标准》(GB 50137—2011)。该标准适用于城市和县人民政府所在地镇的总体规划和控制性详细规划的编制、用地统计和用地管理工作。分类依据坚持城乡统筹的原则,实现了规划辖区用地分类的全覆盖,规划建设用地分类以主导功能为主,并体现政策导向。基本架构与 1990 年版《城市用地分类与规划建设用地标准》相比,分类体系更加明确科学,结构上接近《土地利用现状分类》。用地分类采用大类、中类和小类三级分类体系,大类采用英文字母表示,中类和小类采用英文字母和阿拉伯数字组合表示,使用该分类时,可根据工作性质、工作内容及工作深度的不同要求,采用该分类的全部或部分类别。用地分类包括城乡用地分类、城市建设用地分类两部分,城乡用地分类共分为 2 大类、8 中类、17 小类。如表 2.4 所示。

表 2.4　城乡用地分类

类别代码			类别名称
大类	中类	小类	
H			建设用地
	H1		城乡居民点建设用地
		H11	城市建设用地
		H12	镇建设用地
		H13	乡建设用地
		H14	村庄建设用地
		H15	独立建设用地
	H2		区域交通设施用地
		H21	铁路用地
		H22	公路用地
		H23	港口用地
		H24	机场用地
		H25	管道运输用地
	H3		区域公用设施用地
	H4		特殊用地
		H41	军事用地

续表

类别代码			类别名称
大类	中类	大类	
H	H4	H42	安保用地
	H5		采矿用地
E			非建设用地
	E1		水域
		E11	自然水域
		E12	水库
		E13	坑塘沟渠
	E2		农林用地
	E3		其他非建设用地
		E31	空闲地
		E32	其他未利用地

其中,H11 城市建设用地再细分为居住用地、公共管理与公共服务用地、商业服务业设施用地、工业用地、物流仓储用地、交通设施用地、公用设施用地、绿地 8 个大类,并细分为 35 个中类和 44 个小类。如表 2.5 所示。

表 2.5　城市建设用地分类 8 大类

类别代码	类别名称	范围
R	居住用地	住宅和相应服务设施的用地
A	公共管理与公共服务用地	行政、文化、教育、体育、卫生等机构和设施的用地,不包括居住用地中的服务设施用地
B	商业服务业设施用地	各类商业、商务、娱乐康体等设施用地,不包括居住用地中的服务设施用地及公共管理与公共服务用地内的事业单位用地
M	工业用地	工矿企业的生产车间、库房及其附属设施等用地,包括专用的铁路、码头和道路等用地,不包括露天矿用地
W	物流仓储用地	物资储备、中转、配送、批发、交易等的用地,包括大型批发市场以及货运公司车队的站场（不包括加工）等用地
S	交通设施用地	城市道路、交通设施等用地
U	公用设施用地	供应、环境、安全等设施用地
G	绿地	公园绿地、防护绿地等开放空间用地,不包括住区、单位内部配建的绿地

2. 深圳市城市用地分类

城乡规划与当地经济社会发展阶段特征和需求紧密相关,具有一定的地方特色,为更好地指导本地的城市发展建设,北京、上海、深圳等发达城市纷纷制定地方的城市用地分类标准。早在 1990 年,深圳市人民政府颁布了第一版《深圳市城市规划标准与准则》(以下简称《深标》),确定了深圳市城市用地分类体系。《深标》实施以来,为深圳市城市建设和规划管理作出了积极有效的贡献。随着深圳市社会经济发展与城市建设发展,针对城市发展面临的新条件、新形势、新问题,深圳规划行政主管部门不断对标准进行优化调整,分别于 1997 年、2004 年、2014 年进行了三次系统性修订。

2014 版《深标》确定的城市用地分类涵盖全市域各类型用地,适用于各阶段城市规划编制和规划管理工作。分类以土地的使用功能为主导因素,兼顾其他相关因素。基本架构采用大类和中类两个层次的分类体系,共分 9 大类、31 中类。分类代码采用英文字母和阿拉伯数字混合型代码,大类采用大写英文字母表示,中类采用大写英文字母和阿拉伯数字组合表示。使用城市用地分类时,可根据工作性质、工作内容及工作深度的不同要求,采用该标准的全部或部分类别。

参考国家分类标准,将居住用地、商业服务业用地、公共管理与服务设施用地、工业用地、物流仓储用地、交通设施用地、公用设施用地、绿地与广场用地 8 类用地合并称为城市建设用地。如表 2.6 所示。

表 2.6　深圳市城市用地分类

类别代码	类别名称	含义
R	居住用地	居住类建筑和相应配套服务设施的用地
C	商业服务业用地	从事各类商业销售、服务活动及容纳办公、旅馆业、游乐等各类活动的用地
GIC	公共管理与服务设施用地	政府行政管理、各类文化、教育、体育、医疗卫生、社会福利、公共安全、宗教及特殊性质的用地
M	工业用地	以产品的生产、制造、精加工等活动为主导,配套研发、设计、检测、管理等活动的用地
W	物流仓储用地	物资储备、中转、配送及物流管理等相关配套服务的用地
S	交通设施用地	区域交通、城市道路、轨道交通、交通设施等用地
U	公用设施用地	各类型公用设施及其管理维修设施的用地,不包括居住、工业等内部公用设施
G	绿地与广场用地	公园绿地和广场等公共开放空间用地
E	其他用地	除以上各大类用地之外的用地(包括郊野公园等)

3. 深圳市用地监测分类

2009 年,深圳市政府机构实行了大部制改革,将原规划局和原国土资源和房产管理局整合设立深圳市规划和国土资源委员会。原规划局基于《深标》,独立开展城市用地分类调查,形成了城市用地分类现状数据成果。由于分类体系,调查标准、组织机制等方面的差异,城市用地调查与土地调查两套成果存在不一致问题,一定程度上制约了规划国土管理整合融合。为实现城市规划管理与土地管理基础数据深度融合,指导用地调查监测工作,明确《土地利用现状分类》与《深圳市城市用地分类》的对照转换关系,服务于土地调查、规划、审批、统计、登记及信息化管理等工作中土地利用与城市用地现状数据的相互转换,深圳市规划和国土资源委员会出台了《深圳市土地利用现状分类与城市用地分类对照转换规则(试行)》(深规土〔2015〕378 号文),明确了深圳市调查监测用地分类。

深圳市调查监测用地分类,与《土地利用现状分类》和《深圳市城市用地分类》之间建立了一一对应的关系,可以无缝转换为《土地利用现状分类》和《深圳市城市用地分类》两套分类成果,实现了《土地利用现状分类》和《深圳市城市用地分类》双向转换。使用该分类开展土地调查工作,能够一次调查获取两套分类数据成果,有效解决了城市用地调查与土地调查成果不一致问题,为规划国土管理整合融合、"多规合一"编制工作提供了有效支撑。如表 2.7 所示。

表 2.7　深圳市城市用地分类、调查监测用地分类与国家土地利用现状分类对照表

深圳市城市用地分类(2014 版)			深圳市调查监测用地分类		土地利用现状分类	
代码		名称	地类编码	地类名称	二级类	
大类	中类				代码	名称
R		居住用地				
	R1	一类居住用地	071R1	一类居住用地	071	城镇居住用地
	R2	二类居住用地	071R2	二类居住用地		
	R3	三类居住用地	071R3	三类居住用地		
	R4	四类居住用地	071R4	四类居住用地		
C		商业服务业用地				
	C1	商业用地	051C1	批发零售用地	051	批发零售用地
			052C1	住宿餐饮用地	052	住宿餐饮用地
			053C1	商务金融用地	053	商务金融用地
			054C1	其他商服用地	054	其他商服用地
			082C1	新闻出版用地	082	新闻出版用地
	C5	游乐设施用地	054C5	游乐设施用地	054	其他商服用地
GIC		公共管理与服务用地				
	GIC1	行政管理用地	081GIC1	机关团体用地	081	机关团体用地
	GIC2	文体设施用地	085GIC2	文体设施用地	085	文体娱乐用地
	GIC4	医疗卫生用地	084GIC4	医疗卫生用地	084	医卫慈善用地
	GIC5	教育设施用地	083GIC5	科教用地	083	科教用地
	GIC6	宗教用地	094GIC6	宗教用地	094	宗教用地

续表

深圳市城市用地分类（2014版）			深圳市调查监测用地分类		土地利用现状分类	
代码		名称	地类编码	地类名称	二级类	
大类	中类				代码	大类
GIC	GIC7	社会福利用地	084GIC7	社会福利用地	084	医卫慈善用地
	GIC8	文化遗产用地	088GIC8	文化遗产用地	088	风景名胜设施用地
	GIC9	特殊用地	091GIC9	军事设施用地	091	军事设施用地
			092GIC9	使领馆用地	092	使领馆用地
			093GIC9	监教场所用地	093	监教场所用地
M		工业用地				
	M1	普通工业用地	061M1	普通工业用地	061	工业用地
	M0	新型产业用地	061M0	新型工业用地		
W		物流仓储用地				
	W1	仓储用地	063W1	仓储用地	063	仓储用地
	W0	物流用地	063W0	物流用地		
S		交通设施用地				
	S1	区域交通用地	101S1	铁路线路用地	101	铁路用地
			102S1	公路用地	102	公路用地
			105S1	机场用地	105	机场用地
			106S1	港口码头用地	106	港口码头用地
			107S1	管道运输用地	107	管道运输用地
	S2	城市道路用地	103S2	城市道路用地	103	街巷用地
	S3	轨道交通用地	101S3	轨道交通用地	101	铁路用地
	S4	交通场站用地	101S4	铁路场站用地		
			102S4	公路场站用地	102	公路用地
			103S4	街巷场站用地	103	街巷用地
	S9	其他交通设施用地	051S9	加油气电用地	051	批发零售用地
			103S9	训考场用地	103	街巷用地
U		市政公用设施用地				
	U1	供应设施用地	086U1	供应设施用地	086	公共设施用地
	U5	环境卫生设施用地	086U5	环境卫生设施用地		
	U9	其他市政设施用地	086U9	其他公用设施用地		
			095U9	殡葬用地	095	殡葬用地
G		绿地与广场				
	G1	公园绿地	087G1	公园与绿地	087	公园与绿地

续表

深圳市城市用地分类（2014 版）			深圳市调查监测用地分类		土地利用现状分类	
代码		名称	地类编码	地类名称	二级类	
大类	中类				代码	大类
G	G4	广场用地	085G4	广场用地	085	文体娱乐用地
		其他用地				
E	E1	水域	111E1	河流水面	111	河流水面
			112E1	湖泊水面	112	湖泊水面
			113E1	水库水面	113	水库水面
			114E1	坑塘水面	114	坑塘水面
			115E1	沿海滩涂	115	沿海滩涂
			116E1	内陆滩涂	116	内陆滩涂
			117E1	沟渠	117	沟渠
	E2	农林和其他用地	011E2	水田	011	水田
			012E2	水浇地	012	水浇地
			013E2	旱地	013	旱地
			021E2	果园	021	果园
			022E2	茶园	022	茶园
			023E2	其他园地	023	其他园地
			031E2	有林地	031	有林地
			032E2	灌木林地	032	灌木林地
			033E2	其他林地	033	其他林地
			041E2	天然牧草地	041	天然牧草地
			042E2	人工牧草地	042	人工牧草地
			043E2	其他草地	043	其他草地
			062E2	采矿地	062	采矿地
			088E2	自然风景设施用地	088	风景名胜设施用地
			104E2	农村道路	104	农村街道
			118E2	水工建筑用地	118	水工建筑用地
			121E2	空闲地	121	空闲地
			122E2	设施农用地	122	设施农用地
			123E2	田坎	123	田坎
			124E2	盐碱地	124	盐碱地
			125E2	沼泽地	125	沼泽地
			126E2	沙地	126	沙地

续表

深圳市城市用地分类（2014 版）			深圳市调查监测用地分类		土地利用现状分类	
代码		名称	地类编码	地类名称	二级类	
大类	中类				代码	大类
E	E2	农林和其他用地	127E2	裸地	127	裸地
	E9	发展备用地	/	/	/	/

2.2　全国土地调查工作历程及深圳的实践

2.2.1　第一次土地调查（1984～1995 年）

1. 全国统一部署和要求

自建国至 80 年代初的这三十多年时间里，我国一直没有做过全面的土地调查。土地资源情况一直不清，各种用地数据严重不实，直接影响到国民经济发展重大决策的制定。因此，在 1978 年的全国科学技术大会确定的 108 项重大科研课题中，开展全国土地调查被列为首选课题[①]。

为满足国家编制国民经济长远规划、制订农业区划和农业生产规划的急需，1980 年 6 月至 1982 年，全国农业区划委员会部署开展了国家层面的土地利用现状概查，概算出全国分省的土地总面积及一级地类面积[②]。

随着土地管理工作的深入，为给国家计划部门、统计部门提供详细准确的各类土地数据，也为土地管理部门提供基础资料，1984 年 3 月，国家农牧渔业部、国家计委、国家林业局、国家城乡建设环境保护部、国家统计局联合发出通知，要求各地迅速着手开展第一次全国土地调查（又名"全国土地详查"）工作。到 1995 年年底，调查任务基本完成，并在县级调查的基础上进行了地（市）、省（自治区、直辖市）和国家汇总。

这次调查历时十余年，全国组织了五十多万专业人员，投入十多亿元资金[③]，采用航空为主的遥感资料和大比例尺地形图，全野外实地调查的方法，逐地块调绘量算面积，查清了每个地块准确的土地数据，逐级汇总出全国土地类型、数量及分布[④]。这次调查，是中国历史上第一次摸清了全国（未含港、澳、台地区）的土地家底，结束了我国长期以来土地资源家底不清、数据不实的局面，为全国乃至各地编制国民经济和社会发展计划，制定有关政策和科学决策等提供了重要的依据。本次调查具有全国统一标准、采用大比例尺图

---

①引自：深圳市规划国土局，1998．深圳市土地资源．北京：中国大地出版社

②引自：严星，林增杰，1990．地籍管理（修订本）．北京：中国人民大学出版社

③引自：王万茂，2003．土地资源管理学．北京：高等教育出版社

④引自：国土资源部，国家统计局，全国农业普查办公室［1999-11］．关于土地利用现状调查主要数据成果的公报

件、调查方法和手段先进、成果资料齐全等特点,中央领导高度评价这项工作。调查结果于 1999 年由原国土资源部、国家统计局、全国农业普查办公室联合向社会公布,成为国家法定数据[①]。

2. 深圳市调查工作开展进程

深圳市自 1979 年建市,直至 80 年代初期,土地总面积一直沿用原《宝安县志》(1963年)记载的 2 020 km² 这一数据。根据工作需要,广东省测绘局、广东省土壤研究所、广州地理研究所、深圳市土壤普查办公室等先后对深圳市的土地面积、土壤类型进行过测绘、普查和面积量算,但结果都不完全相同。

1984 年 11 月,广东省人民政府发出开展广东省土地调查工作的通知,宣布成立广东省土地调查领导小组,划拨专项经费,制定具体方案,要求以县为单位分批开展土地调查工作[②]。深圳市按照国家及广东省的部署要求启动土地调查工作。1986 年 9 月,全国土地调查技术指导组对深圳调查成果进行了检查,认为图件精度、权属调查、图斑调绘、面积量算等方面还未达到国家《土地利用现状调查技术规程》要求,需进一步完善。1994 年下半年,第一次全国土地调查工作接近尾声,广东省除深圳外 20 个市已完成调查工作。为落实全省土地调查工作的进度安排,深圳在全国率先应用卫星遥感技术开展土地调查,迅速查清全市各类土地面积,完成了省级调查数据汇总工作。

为验证卫星遥感技术的可靠性,1995 年深圳市按照全省统一的技术规程和调查方法,采用传统的航空摄影测量方法,再次开展了全市土地调查工作(又名深圳市第二次土地资源详查)。本次调查专门成立了"深圳市土地详查领导小组",聘请省国土厅资深专家成立了"深圳市土地详查技术指导组",采用了当时最新的计算机图形及数据处理技术担负土地详查的内业工作,开创了广东省土地调查全计算机数据处理与地图制作的先例。

3. 深圳市调查工作特点与成效

1)行政境界和土地权属界线划定

国家土地调查的最小行政统计单元为行政村,深圳市土地调查最小单元为街道,不再划定行政村。深圳市的土地出让、土地开发活动十分活跃,农村城市化速度加快,作为村界的许多天然依托物,如沟渠、道路、河流、田埂等,深圳已不复存在,难以调查各村准确界线。此外,随着农村城市化的推进,村委会向社区居委会转变,村界存在的意义已经不大,加之此次调查时间紧、任务重,而且宝安、龙岗两区各种比例尺地形图上均标有各级行政境界,因此,本着尊重历史、照顾现状、减少土地纠纷、维护社会安定团结的原则,深圳本次土地调查中对行政境界和土地权属境界的调绘做了新的规定[②]:

(1)只标示镇(街道)级以上的行政界线,不标示村界(社区界)。

---

①引自:新华网[2007-6].《一次开创历史先河的土地调查:第二次全国土地调查总体方案》系列解读之二

②引自:深圳市规划国土局,1998. 深圳市土地资源. 北京:中国大地出版社

（2）直接采用宝安已有的各镇界拐点坐标。其余各区在 1:10 000 地形图上标绘出所辖各镇（街道）的行政界线，再转绘到正射影像图上。

（3）深圳市北面与东莞市、惠州市接壤的市界，按照汇总到全省面积时不重不漏的原则，同时由于当时东莞、惠州的土地详查已经基本完成，所以在调查时凡是与东莞、惠州接边的界线，一律照搬东莞、惠州的调查结果作为深圳市土地利用现状调查面积量算及面积汇总时的工作界线，但不作为权属确认的依据。当工作界线与深圳市自认界线不一致时，要绘出深圳市的自认界线。在汇总、统计面积时，应统计汇总出工作界线所包围的深圳市面积和深圳市自认界线所包围的面积。编绘各种比例尺土地利用现状图时，按深圳市认可的自认界编绘各种比例尺的土地利用现状图，同时在土地利用现状图上反映出争议范围，加以注记说明。

（4）深圳市东、南、西三面的市界，除正南面深圳市与香港的界线以已公开出版的万分之一地形图上的界线，即以深圳河主航道为界外，凡是以海域毗邻的市界，均以中国人民解放军海军勘测的滩涂界线为准作为深圳市界。填海原因致使填海部分超出海军勘测的滩涂界线时，则以市界绘至所填海部分的外缘。

（5）由于原特区界线与铁丝网界线不相吻合，铁丝网界也要表示。面积量算汇总时，应分别汇总统计出特区面积和铁丝网所包围的面积。

（6）由于各规划国土分局提供的各级界线大部分是单方指界，这些界线不能作为权属的依据，在此次权属界线分幅图中，只将镇（街道办）以上的各级界线转绘到影像图上。

2）土地利用现状图编制

国家土地调查成果图编制采用全手工作业，深圳市应用计算机技术实现全自动制图，淘汰了传统手工制图的低效工作模式。深圳市利用计算机，通过 AutoCAD 进行全自动编图，然后根据需要用彩色喷墨绘图仪输出各种比例尺的彩色土地利用现状图。计算机自动绘制的土地利用现状图美观、精致、色彩丰富，能充分反映、表达繁多的土地利用类型，是手工制图所无法企及的。深圳市此次土地调查的外业调绘成果、内业处理、面积量算、汇总成果，以及土地利用现状图都是一次性通过省级验收，被评为优秀；并受到广东省政府的表彰，被授予"广东省土地资源详查工作先进集体"的光荣称号。

2.2.2　第二次土地调查（2006～2010 年）

1. 全国统一部署和要求

2006 年 12 月，国务院发布《国务院关于开展第二次全国土地调查的通知》（国发〔2006〕38 号），决定自 2007 年 7 月 1 日起开展第二次全国土地调查，并以 2009 年 10 月 31 日为调查的标准时点，进行标准时点统一更新。调查过程中，国务院于 2008 年颁布《土地调查条例》（国令第 518 号）规范土地调查体系。《土地调查条例》中规定，国家根据国民经济和社会发展需要，每 10 年进行一次全国土地调查；根据土地管理工作的需要，每年进行土地变更调查。

第二次全国土地调查作为一项重大的国情国力调查，目的是全面查清全国土地利用状况,掌握真实的土地基础数据,建立和完善土地调查、统计制度和登记制度,实现土地资源信息的社会化服务,满足经济社会发展、土地宏观调控及国土资源管理的需要①。第二次全国土地调查的主要任务包括:开展农村土地调查,查清全国农村各类土地的利用状况;开展城镇土地调查,掌握城市建成区、县城所在地建制镇的城镇土地状况;开展基本农田状况调查,查清全国基本农田状况;建设土地利用数据库,实现调查信息的互联共享。在调查的基础上,建立土地资源变化信息的调查统计、及时监测与快速更新机制②。

2009 年 10 月,国务院第二次全国土地调查领导小组办公室印发《关于开展第二次全国土地调查标准时点统一更新工作的通知》(国土调查办发〔2009〕30 号),要求将第二次全国土地调查成果统一更新到 2009 年 12 月 31 日标准时点。

第二次全国土地调查工作历时 3 年多时间,中央和地方财政共投入约 150 亿元经费,投入 20 多万名干部和技术人员③,首次采用统一的土地利用分类国家标准,首次采用政府统一组织、地方实地调查、国家掌控质量的组织模式,首次采用覆盖全国遥感影像的调查底图和"三下两上"的工作方法,实现了图、数、实地一致,全面查清了全国土地利用状况,掌握了各类土地资源家底④。如图 2.1 所示。

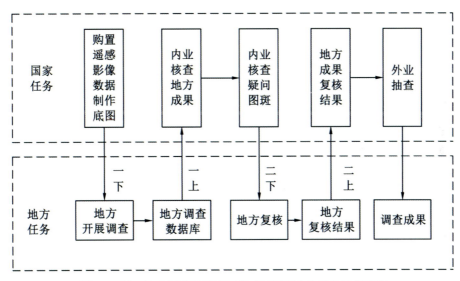

图 2.1　第二次全国土地调查工作"三下两上"具体工作流程

2013 年 12 月 30 日,国土资源部、国家统计局、国务院第二次全国土地调查领导小组

---

①引自:国务院,〔2006-12〕. 国务院关于开展第二次全国土地调查的通知(国发〔2006〕38 号)

②引自:国务院第二次全国土地调查领导小组办公室,〔2007-6〕. 第二次全国土地调查总体方案(国土调查办发〔2007〕3 号)

③引自:王世元. 适应新形势,构建新机制,全面开创地籍管理工作新局面. 2011.5

④引自:原国土资源部,国家统计局,国务院第二次全国土地调查领导小组办公室,〔2013-12〕. 关于第二次全国土地调查主要数据成果的公报

办公室联合发布《关于第二次全国土地调查主要数据成果的公报》,正式公布第二次全国土地调查成果。

2. 深圳市调查工作开展过程

2007 年 7 月 31 日,深圳市政府成立深圳市第二次土地调查工作领导小组(深府办〔2007〕101 号),正式启动深圳市第二次土地调查工作。深圳市依据相关法规和技术标准,结合深圳实际,先后制定了《深圳市第二次土地调查实施方案》和《深圳市土地调查技术实施细则》,作为深圳市开展第二次土地调查的基本依据,并于当年完成了技术队伍确定、经费落实、技术培训等前期工作。2008 年,深圳市第二次土地调查工作全面开展。2009 年 6 月底,土地调查外业及数据汇总工作基本完成。2009 年 9 月底,数据库建库工作基本完成。2009 年 12 月至 2010 年 1 月,深圳市开展了标准时点更新及数据库建设工作,将第二次土地变更调查成果统一更新到了 2009 年 12 月 31 日标准时点[①]。

2014 年 9 月,深圳市规划和国土资源委员会、深圳市统计局联合发布《深圳市第二次土地调查及 2010—2012 年度变更调查主要数据成果的公报》,正式公布深圳市第二次土地调查成果。

3. 深圳市调查工作特点及成效

第二次全国土地调查采用"城乡二元"的调查方式,分为农村土地调查和城镇土地调查,两项调查的精度、分类要求、调查内容深度相差甚远。农村土地调查比例尺建议 1:10 000 或者 1:50 000,调查分类继承了《土地分类(试行)》(国土资发〔2001〕255 号)实施过渡期的理念(详见本书 2.1 节),不调查城镇村及工矿用地内部情况[②];城镇土地调查建议 1:500 比例尺,调查城镇村及工矿用地内部情况,要按照《土地利用现状分类》将城镇村及工矿用地细化到商服用地、工业及仓储用地、住宅用地等二级类。同时要求城市土地调查包括城镇地籍调查,开展界址调查、地籍测量等工作。

深圳市基于特区内外一体化理念,全市按照统一标准开展调查工作,不区分农村土地调查和城市土地调查。利用以 GPS、RS、GIS 为代表的测绘新技术,以最新的 1:2 000 地形图(由 1:1 000 地形图缩编而成)套合现有的地籍数据、土地利用更新调查数据及相关的用地数据生成工作底图,参考最新的航空正射影像图数据,采用内外业相结合的一体化调查方法,全面查清并获取每一块土地的类型、面积、分布等土地信息,建立市区两级互联共享的土地利用调查数据库。对城市用地以宗地为单位调查每宗地的土地利用状况[③]。但是,深圳市未按照国家要求组织城镇地籍调查,未开展界址调查、地籍测量工作。最终成果精度、调查内容丰富程度介于国家城镇土地调查和农村土地调查之间,不存在数据"城乡二元"现象。

---

① 引自:深圳市第二次土地调查领导小组办公室,[2010-1]. 深圳市第二次土地调查工作报告

② 引自:第二次全国土地调查技术规程(TD/T 1014—2007)

③ 第二次土地调查领导小组办公室,[2010-1]. 广东省深圳市第二次土地调查技术总结报告

目前,第二次全国土地调查成果及 2010 年以来的历年土地变更调查成果不仅广泛应用于新一轮土地利用总体规划编制、用地审批、执法监察等规划国土管理业务,也为政府及相关部门制定发展规划、进行科学决策提供了依据。

2.3 土地变更调查的发展历程

2.3.1 1996~2008 年的土地变更调查

1. 全国的统一部署和要求

1996 年 6 月,国家颁布《关于完成全国土地详查将土地详查数据变更到 1996 年 10 月 31 日同一时点的紧急通知》(〔1996〕国土〔籍〕字第 109 号),要求各级土地管理部门在完成全国土地调查后,全面开展土地变更调查工作,查清自 1995 年 12 月 31 日至 1996 年 10 月 31 日的地类变化情况。此后,国土资源部每年部署土地变更调查工作。1998 年 9 月,国土资源部印发《关于加强土地变更调查与统计工作的通知》(国土资发〔1998〕123 号),要求按照《中华人民共和国土地管理法》有关规定,建立日常土地调查制度,每年开展一次土地变更调查,对每年度的土地利用现状变化信息进行实地调查、准确统计、科学汇总、及时变更,使土地调查数据的现势性和客观性得以延续[①]。

土地变更调查由于经费投入、人员队伍、技术手段和制度建设等方面条件的制约,调查成果质量低于全国土地调查,部分地区土地变更调查更新不及时,不能准确反映土地利用现状,难以适应国土资源管理和经济社会发展的需要[②]。2003 年,国土资源部印发《关于加强土地利用更新调查工作有关事项的通知》(国土资发〔2003〕296 号),要求全国组织开展土地利用更新调查,以确保调查数据的准确、客观,保持成果的延续性和现势性。该工作精度和内容要求高于土地变更调查,低于全国土地调查。全国部分地区在 2005 年启动了土地利用更新调查,暂停了当年的土地变更调查。

2. 深圳市调查工作开展过程

为了保持土地调查数据的现势性与连续性,根据国家土地管理局(国土资源部)的统一部署,自 1996 年开始,深圳市每年开展一次土地变更调查(1999 年中断一次),其成果在规划编制、用途管制、耕地保护、土地审批、农林管理等方面,发挥了重要的作用。

1996~1998 年的土地变更调查主要是以年度征地、划地和报建地等审批资料为依据,对上一年度的基础数据进行变更[③],受当时技术水平所限,数据缺乏有效、快速、精确的更

---

①引自:杨桂珍,2009. 土地调查制度研究. 青岛: 中国海洋大学

②引自新华网 [2007-7]. 为什么开展第二次全国土地调查:《第二次全国土地调查总体方案》系列解读之三

③引自:深圳市规划国土局 [1996-8]. 关于开展我市土地利用现状变更调查的通知(深规土〔1996〕401 号);深圳市规划国土局 [1997-9]. 关于开展我市 1997 年度土地利用现状变更调查的通知(深规土〔1997〕412 号)

新手段①，而且土地分类无法准确反映深圳市这一高度城市化地区的土地利用现状。1997年，深圳市在开展土地变更调查工作的同时，组织了全市城乡一体化的地籍调查，形成了大比例尺、具有精确界址点坐标的宗地数据，该数据相对土地调查数据更为精确。

1999年，考虑到现行技术方法获取的土地变更调查数据无法满足城市管理的需要，深圳市决定暂缓该年度的土地变更调查工作②，研究应用地籍数据更新土地变更调查数据的新技术方法。

2000～2004年，深圳市在全国率先将地籍调查数据成果应用在土地变更调查工作中，充分利用地籍数据精度高、现势性强、可日常更新维护的特点，有效提升了土地变更调查工作效率和数据精度，强化了深圳市的土地资源管理工作③。

2005年，深圳市按照国家和广东省的工作部署启动了土地利用更新调查，本次调查从2005年9月开始启动，2006年9月完成外业数据调查工作，2007年6月完成内业数据处理和数据库建设，2007年7月通过了广东省国土资源厅的全面验收，成果质量综合评定得分为"优秀"等级④。

2006～2008年，深圳市按照国家要求继续组织开展年度土地变更调查工作。2006年，由于土地利用更新调查工作尚未结束，当年变更调查使用2004年土地变更调查数据成果作为基础数据。2007～2008年，深圳土地利用更新调查已经通过广东省国土资源厅验收，但是国家层面并未明确该成果的应用要求，2007～2008年变更调查仍以2006年土地变更调查为基础数据，与2005年土地利用更新调查成果存在较大差异，本书第4章土地利用分析与评价使用的历年土地利用现状数据不包括2005年数据成果。

3. 深圳市调查工作特点及成效

1:10 000比例尺的第一次全国土地调查数据成果精度难以满足深圳市精细化管理的实际需要。2000年，深圳市提出利用地籍调查数据开展土地变更调查的新思路。2001年，开展了土地利用现状调查与地籍调查数据衔接工程。该工程以深圳市1:1 000初始地籍调查数据、1:10 000航空正射影像图、1:10 000万地形图等作为工作底图，开展土地变更调查的内业判读、外业核查调绘、外业调查记录表的填写、内业数据采集、图件接边及检查工作、坐标转换、面积平差、数据汇总、数据库建库等工作。调查比例尺为1:2 000，大幅度提高了成果的精度水平，将比例尺，精度提升之后，数据成果能够准确描述城市内部的土地利用分类情况。此后，深圳市土地变更调查严格按照《土地分类（试行）》组织工作，调查成果包括农用地、建设用地、未利用地3个一级类，15个二级类，71个三级类，在后期

---

①引自：深圳市规划国土局［2000-12］. 2000年度深圳市土地详查与地籍调查数据衔接工程技术方案

②引自：深圳市规划国土局［1999-10］. 关于我局今年暂缓进行深圳市土地变更调查的报告（深规土〔1999〕525号）

③引自：深圳市规划国土局［2000-12］. 2000年度深圳市土地详查与地籍调查数据衔接工程技术方案

④引自：深圳市国土资源和房产管理局［2007-12］. 深圳市2005年度土地利用更新调查和数据库建设汇报材料

向省国土资源厅和原国土资源部进行面积汇总时,再将商服用地、住宅用地等建设用地归并到居民点及工矿用地[1]。

2.3.2 2010 年以后的土地变更调查

1. 全国统一部署和要求

第二次全国土地调查完成后,2010 年,原国土资源部提出"创建新机制,采用新手段,保持调查成果现势性,查清全国土地利用变化情况,为国土资源管理提供更坚实的基础"的要求,并从组织形式、新方法运用及制度保障等方面,建立了土地变更调查新机制。从 2010 年起,国家以每年 12 月 31 日为统一时点,以全国土地调查和上一年度土地变更调查结果为基础,按照"一查多用"的原则,依照第二次全国土地调查形成的"三下两上"工作流程,组织开展年度土地变更调查工作,地方调查结果经国家逐地块反复核实检查,形成最终调查成果[2]。

新机制下的土地变更调查工作采用土地利用现状信息调查和用地管理信息套合标注相衔接的调查模式,即:对核查通过的土地利用现状变化调查成果,叠加部分增减挂钩、用地审批、土地整治等日常审批管理信息内容;对新增建设用地、新增耕地等用地管理信息进行套合标注[3]。此外,各相关部门直接参与用地管理信息的调查、分析和核实,从最大程度上保证调查成果的真实、准确,以满足"一查多用"的要求[4]。

新机制下的土地变更调查工作,提高了土地利用现状成果的准确性,推动了国土资源管理相关工作的完善和提升,调查成果也广泛应用于土地督察、卫片执法检查、耕地保护目标责任考核等多项重点工作,发挥了重要的基础支撑作用[2]。

2. 深圳市调查工作特点及成效

2011～2016 年,深圳市以国家土地调查为平台,在确保严格完成国家土地调查任务的前提下,通过调查理论与技术突破,探索建立了深圳特色的土地调查制度。

1)"月清季累年更新"机制

为实现调查内容增加而时间周期不变的目标,深圳市建立了"月清季累年更新"[5]模式,按月汇总日常"批、供、用、补、查"用地管理信息,按季度开展土地利用变化监测,按年度开展土地调查和数据更新。通过该模式,将年底累计的工作分解到各个月份,将集

---

①引自:深圳市国土资源和房产管理局 [2004-11]. 深圳市 2004 年土地利用现状变更调查及数据库建设技术总结

②引自:胡存智. 振奋精神开拓创新推动地籍管理工作迈上新台阶. 2013.12

③引自:国土资源部 [2012-12]. 关于开展 2012 年度全国土地变更调查与遥感监测工作的通知(国土资发〔2012〕175 号)

④引自:国土资源部地籍管理司土地调查处 [2011-9]. 土地调查制度

⑤引自:深圳市规划国土局.《深圳市土地变更调查技术规范(试行)》(深规土〔2015〕623 号)

中突击转变为常态工作,在优化调整工作节奏的同时,一定程度上实现了一年一次静态更新向每季度一次的动态更新的转变,提升了调查成果的时效性。

2)"发现、甄别、调查、变更"四阶段机制

为确保全市调查成果的质量,将土地调查严格划分为"发现、甄别、调查、变更"四个阶段工作:"发现"阶段,从测绘、用地审批、房屋租赁、土地监察、城市规划等多个部门广泛收集遥感影像、用地审批、土地巡查、房屋巡查、城市更新等信息,多路径全面发现、识别土地利用变化区域;"甄别"阶段,制定统一的工作底图和使用规则、建立调查预处理数据库,确保各区域工作一致性;"调查"阶段,明确外业"走到、看到、问到、拍到、查到、记到"六到、"照片、调查图件、调查记录表、现场文字描述"四一致要求,确保调查准确性;"变更"阶段,制定《土地变更调查实地变化情况分类表》[①],将各类外业调查情况与数据变更严格对应,降低主观判断的影响。该模式通过全流程分级控制,全面提升各区域数据成果的规范性。

3)三层次数据发布机制

在严格落实数据保密要求的前提下,为进一步提升调查社会服务水平,深圳市建立了规划国土主管部门、政府内网、互联网三层次数据发布模式。规划国土部门层面,在图文办公系统发布"三库"空间数据、土地利用变化情况分析报告及各类数据统计表;政府内网层面,提供全市各街道的土地利用现状分类汇总表、城镇村及工矿用地分类汇总表、城市用地分类汇总表[①]等统计表,供发改、城管、统计等部门使用;互联网层面,规划国土部门与统计部门联合发布年度土地变更调查统计公报[②],供社会公众查询。不同层次提供差异化的数据服务,确保数据安全的同时,为其他部门编制各类规划、开展各类考核、实施宏观调控提供决策参考。

2015 年,深圳市在国家《第二次全国土地调查技术规程》基础上,制定了深圳市土地调查使用的《深圳市土地变更调查技术规范(试行)》(深规土〔2015〕623 号)。目前,土地调查新模式成效逐步显化。一方面,深圳市作为全国第三次土地调查试点城市之一,为全国城乡一体化调查工作提供先进经验;另一方面,深圳土地调查形成的城市用地分类调查数据库,作为深圳市新一轮城市总体规划的基期数据和现状底图。

---

①引自:《深圳市土地变更调查技术规范(试行)》(深规土〔2015〕623 号)

②引自:《深圳市规划和国土资源委员会 深圳市统计局关于深圳市第二次土地调查及 2010—2012 年度变更调查主要数据成果的公报》《深圳市规划和国土资源委员会 深圳市统计局关于深圳市 2013 年度土地变更调查主要数据成果的公报》《深圳市规划和国土资源委员会 深圳市统计局关于深圳市 2014 年度土地变更调查主要数据成果的公报》《深圳市规划和国土资源委员会 深圳市统计局关于深圳市 2015 年度土地变更调查主要数据成果的公报》《深圳市规划和国土资源委员会 深圳市统计局关于深圳市 2016 年度土地变更调查主要数据成果的公报》

2.4　土地专项调查概况

土地专项调查是指根据国土资源管理需要,在特点范围、特定时间内对特定对象进行的专门调查[①]。近年来,按照国家统一部署并结合深圳规划国土管理工作需要,深圳先后组织开展过耕地后备资源调查和城市用地分类调查等两项专项调查工作。

2.4.1　耕地后备资源调查

耕地资源是经济社会发展的重要保障,耕地的数量和质量直接关系到区域的粮食安全和经济社会的健康发展,必须保证我国一定数量和质量的耕地资源,加强对现有耕地的保护。同时,在经济建设不可避免地占用现有耕地的情况下,开发、复垦耕地后备资源就成为必然的选择。因此,耕地后备资源是耕地补充的重要来源,耕地后备资源调查评价成果是国家制定耕地保护政策、编制土地整治规划等的基础,对耕地后备资源的调查评价尤为重要。

为贯彻落实最严格的耕地保护制度和节约用地制度,严格保护耕地红线,有效利用国土资源,科学实施国土综合整治,积极推进生态文明建设,切实保障国家粮食安全,2014年 4 月,国土资源部办公厅印发《关于开展全国耕地后备资源调查评价工作的通知》(国土资厅发〔2014〕13 号),要求在第二次全国土地调查成果基础上,开展全国耕地后备资源调查评价工作。按照国家部署要求,深圳从 2014 年 8 月至 2015 年 3 月期间组织开展耕地后备资源调查,全面查清了深圳市耕地后备资源的类型、规模和分布等现状情况,开展了耕地后备资源开垦、复垦适宜性调查评价,建设了调查评价综合数据库,为下一步耕地的开发与利用奠定了基础,为科学制定相关耕地保护政策,维护粮食安全提供了决策依据。

深圳市耕地后备资源调查的内容包括:利用土壤普查、农业普查、林业普查、农用地分等定级等相关成果资料,评价耕地后备资源的宜耕性,掌握耕地后备资源的数量、类型和分布状况;以乡镇为统计单位,建立深圳市耕地后备资源调查评价数据库;通过分析耕地后备资源开发的经济、技术与生态条件,提出合理开发利用耕地后备资源的政策建议。

2.4.2　城市用地分类调查

深圳市城市用地分类调查是指由城乡规划部门组织,采用《深圳市城市规划标准与准则》(2014 版)制定的城市用地分类标准,对全市城市用地的现状用地功能情况进行的调查,查清居住用地、商业服务业用地、公共管理与服务设施用地、工业用地、物流仓储用地、交通设施用地、公用设施用地、绿地与广场用地等城市用地现状情况。土地变更调查采用的土地利用现状分类主要依据土地的用途、经营特点、利用方式和覆盖特征等因素进

---

①国土资源部,[2009-6]. 土地调查条例实施办法(国土资源部令第 45 号)

行分类,农用地分类更加精细,而城市用地分类主要按照土地使用的功能进行划分和归类,建设用地分类更加精细,注重地上建筑物和构筑物的实际使用功能。由于两者均为反映土地用途和利用方式的分类标准,通过一定程度的地类细分即可建立对应关系。土地变更调查的建设用地与城市用地调查的城市建设用地差异主要是公园绿地、高尔夫绿地、已批未建用地、空闲地、水库水面、采矿用地、水工建筑用地等分类。自 2011 年起,深圳市城市用地调查与土地变更调查统一开展,通过一次调查同时获取土地利用现状数据和城市用地现状数据(表 2.8)。

表 2.8　土地利用一级类表

编码	名称	面积/km²
01	耕地	39.77
02	园地	207.56
03	林地	577.87
04	草地	25.00
05	商服用地	31.93
06	工矿仓储用地	304.81
07	住宅用地	199.08
08	公共管理与公共服务用地	96.81
09	特殊用地	11.19
10	交通运输用地	248.42
11	水域及水利设施用地	157.42
12	其他土地	97.42
合计		1 997.27

城市用地专项调查的目的是:查清深圳全市及各区城市用地现状面积、分布与建设状况等,为规划编制、城市用地分类统计、项目选址等工作提供数据基础。2005 年,深圳市规划局独立组织开展深圳市城市用地分类调查工作,在此基础上制定了《深圳市城市建设用地现状调查技术规程》,建立了城市用地分类调查更新机制,形成了 2005～2009 年城市用地分类调查数据成果。该工作与土地调查独立开展,由于分类标准、统计口径等不同,两项调查数据在用地类型、数量和结构等方面存在较大差异。

2009 年大部制改革的背景下,两项调查数据不一致问题浮出水面,造成规划审批和土地审批结果不一致、用地统计结果不一致等一系列问题,业务管理客观要求两项调查工作整合融合。2011 年,为解决城市规划和国土资源管理土地分类标准不一致、基础数据统计不一致、用地审批信息不一致、城市规划和土地规划不一致等问题,深圳市开展了国家土地利用现状分类与深圳市城市用地分类对照转换研究,制定了深圳市用地监测分类,该分类能够与国家土地利用现状分类和深圳市城市用地分类实现一一对应转换,使用该分类开展土地调查,能够一次调查形成使用土地利用现状分类的城镇土地调查数据库和使用深圳市城市用地分类的城市用地分类调查数据库两套成果。两套数据高度一致,不仅为城市规划编制、用地选址等规划管理工作提供支撑,而且为"两规合一"、空间规划"一张蓝图"等工作奠定了基础。

十八大以来,中共中央要求加强政府相关职能部门的统筹联动,实现未来发展"一张蓝图"的工作目标。2013 年 12 月 12 日,习近平总书记在中央城镇化工作会议上指出"要建立统一的空间规划,探索经济社会发展规划、城乡、土地利用规划的'三规合一',形成一张蓝图"。"多规合一"的关键是土地利用规划与城市规划两规合一,土地利用规划使用基期数据来源于土地调查,城市规划使用的基期数据来源于城市用地调查,两项调查数据差异问题一定程度上阻碍了"多规合一"、空间规划战略的推进。

2012 年,深圳市规划和国土资源委员会提出土地统一调查的工作思路,重新设计城市用地分类调查的技术方法,将城市用地分类调查整合到土地调查工作中,实现了一次调查形成两套分类数据成果的目标。该方法从数据获取源头上实现数据无缝融合,解决规划国土合一管理,"多规合一"、空间规划编制面临的数据不一致问题。

第 3 章

深圳市土地资源利用总体情况

深圳市土地资源利用具有土地小市、海洋强市、历史悠久、变化迅速几个特征。土地小市指深圳全市土地面积不足 2 000 km²，远远低于国内外同等经济发展水平、同等人口规模的城市；海洋强市指相比土地，深圳具有丰富的海洋资源，海域面积超过土地面积的一半，达 1 145 km²，海岸线长 260.5 km，海岛数量达 51 个；历史悠久指深圳土地开发历史最早可追溯到五六千年前的新石器时代，汉武帝时深圳南头已设立行政管理机构，是番禺盐官的驻地；变化迅速指改革开放后，深圳城市建设迈入高速发展轨道，土地利用变化日新月异，以全市土地总面积为例，随着围填海工程的快速推进，近年来土地总面积不断增加，2015 年相比 2009 年已增加 6 km²，全市总面积突破 2 000 km² 指日可待。

3.1　全市及各区土地面积

自深圳建市以来,全市土地总面积历经多次调整。1994 年以前,深圳市土地总面积一直沿用 1963 年《宝安县志》所记载的 2 020 km² 这一数据;1995 年年底,根据全国土地详查结果,深圳市土地总面积不包含内伶仃岛时,为 1 948.69 km²;之后随着城市的不断发展,由于填海造陆等原因,至 2000 年土地变更调查,计算得到深圳市土地总面积为 1 952.84 km²;2009 年,由于深圳市与香港特别行政区分界线的调整,盐田港、西部通道、大铲港等项目填海,陆地海洋分界线调整以及内伶仃岛正式划归深圳管辖等原因,深圳市陆域控制面积调整为 1 991.64 km²,较之前增加了约 38.80 km²;2011 年,由于宝安机场、南山赤湾港等填海造地工程的实施,深圳市陆域控制面积增加 5.14 km²,全市土地总面积调整为 1 996.78 km²;2015 年,由于南山太子湾邮轮母港、盐田港等填海造地工程的实施,深圳市陆域控制面积增加 0.49 km²,全市土地总面积调整为 1 997.47 km²。如图 3.1 所示。

图 3.1　深圳市土地总面积变化过程示意图

　　截至 2015 年年底,深圳市下辖 10 个区(新区,下同),59 个街道。其中,宝安区土地面积最大,为 3 96.61 km²,占全市总面积的 19.86%;其次为龙岗区,为 388.22 km²,占全市总面积的 19.44%;面积较小的分别为盐田区、福田区和罗湖区,分别为 74.91 km²、78.66 km² 和 78.75 km²。各辖区土地面积及比例如表 3.1 所示。

表 3.1　深圳市各辖区土地面积

行政区	面积/km²	面积比例/%	面积排次
福田区	78.66	3.94	9
罗湖区	78.75	3.94	8
南山区	187.47	9.39	4
盐田区	74.91	3.75	10
宝安区	396.61	19.86	1
龙岗区	388.22	19.44	2
光明区	155.44	7.78	7
坪山区	166.31	8.33	6
龙华区	175.58	8.79	5
大鹏新区	295.32	14.79	3
合计	1 997.27	100	

3.2　海域与岛屿面积

　　深圳市海域面积为 1 145 km²。海岸线长 260.5 km,其中人工岸线 160.1 km,自然岸线 100.4 km。深圳海域划分东部的大亚湾海域、大鹏湾海域和西部的珠江口海域、深圳湾海域。东部海域沿岸有比较多的沙滩,海水质量较好,是条件优越的天然浴场;西部海域从深圳河到东宝河口,拥有 83 km 的滨海岸线及红树林自然保护区,是景色优美的城市休憩景点。深圳拥有海岛总数 51 个,分布于"三湾一口"海域中。其中,西部海域 13 个,分别为珠江口海域 12 个、深圳湾海域 1 个;东部海域 38 个,分别为大鹏湾海域 6 个、大亚湾海域 32 个。全市海岛陆域总面积约 6.8 km²,岸线总长约 28.1 km。

　　根据 2015 年深圳市第一次全国地理国情普查海岛调查的成果,深圳市沿海有大小不同的岛礁 51 个,岛屿总面积 6.76 km²。东部海域分布有岛屿(礁石)38 个,其中已与陆地相连的岛屿 4 个(排仔石、怪岩、新大岛、沙林岛);西部海域分布有岛屿(礁石)13 个,其中已被填的岛屿 1 个(深圳孖州),已与陆地相连的岛屿 1 个(红树林岛)。

　　调查海岛中,面积最大的是内伶仃岛,位于南山,属西部海域,面积为 4.8 km²,岛上最高峰为尖峰山,海拔 340.9 m。大铲岛次之,属西部海域,面积为 0.97 km²。小沉排海岛最小,面积为 34 m²,崖伏石南岛次之,为 37 m²。内伶仃南岛距离最远,为 10.04 km。从海岛的分类来看,按面积大小划分,小岛为 17 个,占海岛总数的 1/3,微型岛为 34 个,占海岛总数的 2/3；按海岛的物质组成划分，除红树林岛为泥沙岛，其余均为基岩岛；按离岸距离划分，除内伶仃南岛为近岸岛，其余均为沿岸岛；按有无常住人口划分，均为无居民海岛①。如表 3.2 所示。

表 3.2 深圳市海岛统计表

序号	名称	面积/m²	岸线长度/m	近陆距离/km
1	小铲岛	202 700	2 450	1.16
2	细丫岛	3 730	286	2.88
3	小沉排	34	21	0.86
4	细丫西岛	310	72	3.10
5	大铲岛	971 300	4 890	1.11
6	深圳孖洲	688 400	2 420	1.78
7	小矾石	473	83	6.19
8	大矾石	692	100	5.73
9	内伶仃岛	4 803 500	12 090	8.21
10	内伶仃东岛	133	45	8.27
11	内伶仃南岛	113	40	10.04
12	深圳铜锣排	113	40	8.08
13	红树林岛	239	59	0.03
14	深圳洲仔岛	7 039	418	0.51
15	小洲仔岛	45	25	0.56
16	洲仔头	1 0496	566	0.08
17	小洲仔头岛	314	66	0.11
18	深圳火烧排	4 220	306	0.50
19	排仔石	134	71	0.01
20	怪岩	4 088	247	0.06
21	怪岩东岛	197	55	0.06
22	牛奶西岛	195	58	0.07
23	牛奶排	686	116	0.29

①引自：中国海岛志编纂委员会，2013. 中国海岛志. 广东卷（第 1 册）. 北京：海洋出版社. 深圳 500 m²以上的海岛原为 21 个，但由于白岩、连排、笔洲仔和北洲山仔 4 个 500 m² 以上的海岛与《中华人民共和国海岛保护法》规定的海岛界定规则不符，因此《广东省海岛志》已将其海岛从名录中删除，故深圳 500 m²以上的海岛已调整为 17 个。其中，白岩和连排离岸近，基底与陆域相连并高于水面，实际为近岸陆域的延伸。笔洲仔在坝光片区的围填海过程中与陆域连为一体。北洲山仔在侨城湿地的建设中，由于围堤建设，已与海分隔，变成了境内岛。小岛是指面积在 500 m²～5 km² 的海岛；微型岛是指面积小于 500 m² 的海岛；近岸岛是指分布位置距离大陆大于 10 km 且小于 100 km 的海岛；沿岸岛是指分布的位置离大陆的距离不足 10 km 的海岛

续表

序号	名称	面积/m²	岸线长度/m	近陆距离/km
24	牛奶一岛	65	33	0.32
25	牛奶二岛	142	49	0.33
26	牛仔排	188	60	0.04
27	赖氏洲	42 500	1 120	0.48
28	赖氏洲北岛	377	93	0.78
29	赖氏洲东岛	167	57	0.74
30	赖氏洲西岛	166	52	0.47
31	赖氏洲南岛	277	72	0.73
32	大排礁	1 939	169	0.04
33	大排礁一岛	164	48	0.04
34	大排礁二岛	140	44	0.03
35	高排坑	772	154	0.21
36	高排坑西岛	1 148	129	0.08
37	海柴岛	182	52	0.02
38	虎头排	1 140	187	0.13
39	小虎头排	193	64	0.11
40	白石仔	129	50	0.10
41	白石仔北岛	172	54	0.10
42	白石仔南岛	157	68	0.10
43	白石排	474	79	0.39
44	新大岛	274	140	0.01
45	排仔	425	81	0.18
46	北排	48	26	0.10
47	鸡啼石	50	28	0.07
48	崖伏石	44	26	0.11
49	崖伏石南岛	37	24	0.17
50	大产排	59	30	0.13
51	沙林岛	12 186	572	0.01
	总计	6 762 766	28 085	

在所有岛屿中,10 个海岛有丰富地物,4 个海岛只有简单地物标志物,另外 37 海岛只有礁石。内伶仃岛上保存着较完好的南亚热带常绿阔叶林,散布岛上的除了白桂木、野生荔枝等,还有猕猴、水獭、穿山甲、黑耳鸢、蟒蛇、虎纹蛙等国家重点保护动物。

3.3 土地利用历史进程

3.3.1 1949 年之前的土地利用

据史料记载，五六千年前的新石器时代，人类就在深圳这块雨量充沛、四季如春的土地上从事狩猎、农耕和捕鱼等活动。战国晚期，人们学会冶炼和使用铁器，生产力较之原始社会有较大提高。

汉武帝时，今深圳市的南头为全国二十八处盐官之一番禺盐官的驻地，盐商往来频繁。随着我国海上"陶瓷之路"的兴起，社会经济特别是对外贸易日益发达，采捞珍珠、人工养蚝、种植香树，提取制作香料都有较快的发展。唐、宋时代的盐业生产继汉、晋以来也长盛不衰，著名的归德场（沙井一带）、东莞场（南头一带）、黄田场（今新界一带），都被列入广东 13 大盐场之列。元朝时，深圳地区的采珠业有进一步的发展，南山半岛的后海和大鹏岛的龙岐是著名的珍珠产地。

明朝统一岭南后，于 1394 年建筑了东莞守御千户所城（今南头古城），成为著名海防重镇。1565 年，为防御外敌入侵，明朝水军又设立了南头水寨（广东 6 大水寨之一）。公元 1666 年，清政府为防止郑成功及明代遗民利用沿海地区进行抗清活动，将新安三分之二土地上的居民内迁 25 km，清政府在边境修筑深圳、盐田、大梅沙、小梅沙等边防墩台。为了恢复生产，清政府采取免地租、送耕牛、送谷种等特殊政策，鼓励人民重回开垦，大批客籍居民纷纷迁来屯戍。到 1818 年，新安县的居民发展到 22 万多人，经济文化有较快的发展。

19 世纪后，西方资本主义国家开始对东方进行殖民扩张。清政府曾在南头设立总兵，并派遣水师营进驻，在南头、赤湾、沱泞、九龙等地设置炮台。嘉庆年间还在九龙、东涌增设城寨。鸦片战争失败后，清廷被迫将香港岛、九龙半岛南端尖沙咀、新界割让、租借给英国。这样，原面积为 3 076 km² 的新安县有 1 055.61 km² 成为英国殖民地。

1911 年，广九铁路建成通车，原来的小镇"深圳墟"迅速繁荣起来，逐渐成为宝安县的商业政治中心。1928 年，深圳县立初中 1 所，区立私立高小 7 间，产业仍以农渔为主，经济作物以荔枝为主。至 1947 年，深圳人口约 17.99 万人，稻田总面积约 133 km²，公路建设方面有一定起色，龙严、布龙、布深等公路已开建[①]。

3.3.2 1949～1978 年的土地利用

1949 年 10 月，深圳地区宣告和平解放。1952 年 10 月，宝安县人民政府成立，设立深圳镇政府，深圳镇作为宝安县城的中心功能得到进一步强化。新中国成立后至改革开放前的 1978 年，深圳的经济建设取得了明显的成就，但经历了曲折的发展过程，土地开发利

---

① 引自：深圳市史志办公室编，2014. 民国时期深圳历史资料选编. 深圳：深圳报业集团出版社

用仍以农用地为主。

1950 年冬,宝安县开始进行土地改革试点,土改运动把几千年的封建地主所有制改为农民土地所有制,调动了农民的巨大生产积极性,许多在香港打工的宝安农民也纷纷回到家乡参加土改,农村面貌发生翻天覆地的变化,生产得到了较大的发展。1952 年秋,宝安全县完成了土改复查工作,农民获得了土地。

土改完成后,生产有了极大的发展,但随着时间的推移,新的矛盾又出现了。许多农户缺少耕牛、农具、种子,或缺少劳动力,这些困难束缚了着生产力的发展,成立经济联合体就成了进一步发展经济的必然。1953 年秋,宝安县农民开始办起了互助组,1954 年春,宝安县沙井镇新桥村、西乡的黄田村、观澜的马坜村试办三个初级合作社,1955 年春,在宝安县推广三个试点单位的经验,铺开了办初级合作社的工作。这一时期,生产发展使人民生活有很大改善。1955 年下半年,初级社转为高级合作社。农民的土地无条件归集体所有,劳动工分代替了土地分红。1958 年,高级社转为人民公社。1960 年初,宝安县把人民公社一级所有改为“三级所有,队为基础,自负盈亏”。农业在调整中得到恢复和发展。

1955 年宝安县开始逐渐扩大水田面积,把水稻单季改为双季。至 1958 年,种双季的水稻面积从原来的约 200 km² 扩大到 306 km²,到 1963 年,种双季稻的面积扩大到 466 km² 左右。从高级社中后期起,宝安就开始大兴水利,建起一批蓄水量几十万方米到几百万立方米的中小型水库。1957 年 10 月铁岗水库竣工,1960 年 3 月深圳水库落成。为了供应香港同胞淡水,广东省 1962 年开始修建东深引水工程。“大跃进”后,宝安人民又建设了石岩、三洲田、龙华、高峰、樟坑径、沥下等水库,与深圳水库一起共称十大水库。1958 年以来,宝安县西部地区各公社开始围海造田,据不完全统计,几年间共造田近 26.67 km²。为了保护沿海约 67 km² 农田免遭海潮侵袭,早在合作化运动期间,宝安县每年都组织人力在沿海建立了大堤,以后逐年加固。

1976 年“文化大革命”结束后,宝安县开始努力发展多种经营。1978 年宝安建立了第一个养鸡场。在公明镇楼村开垦 3.3 km² 荒地,种植 1 万棵荔枝树,以后又陆续建了 18 个果园,每个园种 1 万棵荔枝树。

3.3.3　1979～1991 年的土地利用

1979 年 3 月,宝安县改为深圳市,同年 11 月,深圳市改为广东省辖市。自设市至 1992 年春邓小平同志南方谈话以前,深圳市土地市场化价值日益显现,农业土地开发和城市建设土地开发均得到了快速发展。

1979 年春季,沙井公社新桥大队第二、八生产队,先后实行家庭联产承包责任制。1980 年春季,坪山公社全面实行家庭联产承包责任制,1981 年下半年,宝安县普及推行定时上交和完成国家任务的大包干家庭联产承包责任制。家庭联产承包责任制是适应农业的传统经营方式,极大地调动了劳动力的生产积极性,解决了人民公社大规模集中劳动效率低质量差的问题,将农业生产者直接推向市场,对农村传统的自给自足经济是一个极大的冲击,促进了农村积极的发展和农业土地开发。

至 1991 年，深圳市蔬菜播种面积达到 173 km²，出口 $10.7×10^4$ t，创汇 2.37 亿港元，不但满足了深圳市的需要，还满足了香港市场的需要。水果生产、花卉业均得到高速发展，全市水果生产基地 4 144 个，种植面积达 180 km²，年总产量 $5.1×10^4$ t，花卉种植面积 4 km²，形成了几个规模较大的花卉生产基地，不但初步满足本市花卉市场的需要，出口创汇也逐年增加，使深圳成为我国南方重要的花木出口基地之一。全市森林面积达 833 km²，林木蓄积量 $160×10^4$ m³，森林覆盖率为 50%。畜牧业也取得了令人瞩目的成就，全市有万头猪生产线 33 条，饲养量 50 头以上的养猪专业户 390 个，万只以上种鸡场 474 个，饲养量达 3 679 万只，万只以上种鸽场 15 个，饲养种鸽 220 万对，种鸭场 2 个，饲养种鸭 1.6 万只，活鸡、乳鸽和牛奶在香港市场的占有率分别为 50%、50%、60%，创汇值达 6 亿港元。在当时，深圳拥有 230 km 长的海岸线，可供利用的浅海滩涂 180 km²，养殖资源和水产资源非常丰富。全市水产养殖面积 143 km²，其中浅海滩涂开发利用面积达 100 km²。鱼塘面积 60 km²，水产业总产量达 $4.18×10^4$ t，出口量 $1.5×10^4$ t，创汇达 1.7 亿港元。

同时，深圳市于 1979 年初开始进行土地有偿使用的探索，主要采取成片委托开发、利用外资合作开发、租赁土地给外商独资开发的三种开发模式推进土地的开发建设，1980 年国家正式决定以深圳市率先作为试点举办经济特区，实行特殊政策和灵活措施，特区内允许华侨、港澳商人直接投资办厂，也允许某些外国厂商投资设厂，或者由地方同他们兴办合资企业，并由当地利用外资进行市政建设。1981 年 11 月深圳市正式开征土地使用费，1987 年上半年深圳市进行土地出让制度的探索，取消了行政划拨土地的做法，所有建设用地均采取协议、招标、公开竞投方式有偿有期地出让供应，所有用地实行了有偿使用。1987 年 12 月深圳市首次公开拍卖出让第一块土地，为中国土地使用制度改革的"第一次革命"。

1979～1991 年，深圳经济特区先后编制了《深圳城市建设总体规划》（1980 年）、《深圳经济特区社会经济发展大纲》（1982 年）和《深圳经济特区总体规划（1986—2000）》等总体层次的城市建设规划，统一规划安排用地，有序开展土地开发建设。1989 年，深圳在调整市基建办、规划局、国土局和房管局各一部分职能的基础上，成立了市建设（国土）局，并于 1992 年更名为市规划局，在特区逐渐形成了"统一规划、统一征地、统一开发、统一出让、统一管理"的"五统一"管理体制。

至 1991 年年底，深圳市城市建设发生了翻天覆地的变化。经济特区建成区面积由 1979 年的约 3 km² 扩大到 72 km²[①]，累计完成基建投资 297.35 亿元，形成了 300 多亿元的年工业生产能力。房屋楼宇竣工面积 $2 714.65×10^4$ m²，其中住宅 $1 201.93×10^4$ m²。已建成 9 个工业区，1 个科技工业园，8 个港区，50 个居住小区，1 个火车站，1 个飞机场，1 个直升机场，5 个出入境口岸，5 座立交桥。在人口剧增的情况下，人均居住面积从 2.74 m² 提高到 10.89 m²。建成了广深铁路复线、梧桐山隧道、水质净化厂、垃圾焚烧厂等一批基础设施，以及锦绣中华、小梅沙等一批旅游设施。建成了大批厂房、仓库、办公室、商业服务用房、学校、医院、科研用房，满足了特区各行各业大发展的需要，极大地改善了人民物质文化生活。

---

① 引自：黄丽满，1997. 中国经济特区的建立与发展：深圳卷. 北京：中共党史出版社

3.3.4　1992～2005 年的土地利用

1992 年春邓小平同志南方谈话后,深圳经济特区改革开放进入了一个新的时期,城市范围快速扩张,建设用地急剧增加,城市建设得到了高速发展。

1992 年深圳市开始对特区内的农村集体土地实行统一征收,原特区内 68 个行政村、173 个自然村全部转为城市居委会,4.6 万农民陆续变成城市居民,土地全部征为国有,实现了特区农村向城市、农民向居民的"两个转变"。2005 年深圳市按照"一次性转地、一次性付款、一年内完成"的总原则,基本完成了宝安龙岗两区的城市化转地工作,对列入适当补偿范围内的可建设用地依法进行了补偿,转为国有的土地全部纳入全市统一的土地储备管理,此次转地涉及两区 21 个街道、261 个行政村、27 万原村民。通过特区内、特区外统一的城市化征地和城市化转地工作,深圳市辖区内土地全部转为国有土地,深圳市成为全国第一个没有农村行政建制的城市,实现了全市土地国有化,推动了深圳市城市建设的高速发展。

1992 年深圳市按照建设阶段设立机构,由规划国土局负责前期工作,建设局负责管理建设活动,城管办负责后期的管理维护,这套体制顺应城市建设市场化的要求,保证了规划对城市建设的策划与指导。

1993 年初,深圳市决定提高招标和拍卖比例,逐步减少协议用地,全部实行市场地价。1997 年深圳市建立了"公告基准地价"制度,实现了"阳光地价"制度。1998 年 2 月深圳市对居住用地、商业用地、加油站用地等所有经营性用地的土地使用权,一律按招标、拍卖方式出让。1998 年 10 月,深圳市收回南油集团、蛇口工业区、华侨城、福田保税区、盐田港(包括盐田港保税区)等成片开发区的规划国土管理权,由市规划国土部门实施统一管理。2001 年 3 月,深圳市政府经营性土地出让、所有土地使用权转让都必须在土地交易市场公开进场交易,协议出让方式仅限于工业用地及财政全额投资的公益性、非营利性用地。公开公平公正的土地交易市场建立,被称为深圳市土地使用制度改革的"第二次革命"。2005 年深圳市两宗工业用地首次采取公开挂牌方式出让,在产业用地领域引进市场机制配置土地资源,是深圳市土地使用制度改革的"第三次革命"。

2000 年国务院批准《深圳市城市总体规划(1996—2010)》,引入"可持续发展"的新理念,提出具有长远意义的城市空间格局,并对全市各类土地进行了统筹规划和宏观布局。1998 年《深圳市城市规划条例》出台,正式确定了"三层次五阶段"的规划体系,分别是总体规划、次区域规划、分区规划、法定图则和详细蓝图,对深圳市土地使用实行宏观调控发挥了重要作用。

1992～2005 年,深圳市城市边界迅速扩张,1992 年城市建成区 72 km², 到 2005 年建设用地规模为 891.83 km²。与此同时,耕地、林地等农用地资源得在此期间数量减少较快。其中 1995～2005 年,耕地减少了 24 km², 林地减少了 138 km²。2004 年深圳市划定基本农田保护区,总面积为 20.25 km², 主要分布在原特区外,有效地保护了耕地资源,控制了耕地资源转为建设用地的速度。为加强土地资源保护,防止城市建设无序蔓延危及城市生态系统安全,实现土地资源可持续利用,同时积极开展基本农田省内异地保护工作,2002 年深圳市与河源市签订了 40 km² 的基本农田保护协议。

3.3.5　2006 年以后的土地利用

　　2006 年编制《深圳市土地利用总体规划（2006—2020）》，首次提出"建设用地减量增长"的土地利用新模式，突出强调从外延式扩张向内涵集约发展转变，加大城市改造和建设用地清退。2007 年 5 月，全市范围内正式开展闲置土地清理处置专项工作，以推动存量建设用地开发。2007 年 10 月，深圳市建立国土、规划、产业主管部门、各区政府等分工协作、运行顺畅的常态化工作机制，在工业及其他产业用地招拍挂出让的法制化、制度化建设方面走在了全国的前列。2008 年 6 月，深圳市借鉴香港的成功经验，在我国大陆首次出让地铁前海湾车辆段地上 3 宗约 51×10^4 m^2 的地铁上盖物业用地使用权。深圳市创新轨道交通建设土地多层次空间开发模式，探索分层次设立新增建设用地供应高效的支撑了经济社会发展，同时土地资源紧缺也成了深圳发展的瓶颈。

　　2009 年年底，深圳市颁布《深圳市城市更新办法》，采取城市综合整治、功能改变和拆除重建三类城市更新措施，积极进行城市土地二次开发循环利用，2010 年 8 月由国务院批准的第三版城市总体规划——《深圳市城市总体规划（2010—2020）》提出由增量空间建设向存量空间优化转变，将"增量"和"存量"空间统筹进行规划调控。2010 年和2016 年分别编制了《深圳市城市更新（"三旧"改造）专项规划（2010—2015）》和《深圳市城市更新"十三五"规划》，积极推动存量用地二次开发。到 2012 年，深圳市存量用地供应计划规模首次超过新增供应量，存量用地开发也逐步成为主要的土地开发模式，并形成了以城市更新、土地整备和原农村土地入市交易等为主的存量用地二次开发平台。如表 3.3 所示。

表 3.3　深圳市 2010—2016 年间新增用地与存量用地供应计划统计表[①]　　（单位：km^2）

年份	新增用地计划供应规模	存量用地计划供应规模	存量用地计划供应规模占当年供应计划量的比例/%
2010	15.36	5.34	26
2011	10.55	8.97	46
2012	8.00	9.18	53
2013	7.00	10.10	59
2014	5.50	12.00	69
2015	4.30	11.70	73
2016	2.00	11.50	85

　　2011～2015 年城市更新完成投资超过 1 600 亿元，其中 2015 年完成投资额 550 亿元，占全市固定资产投资额的 16.7%，占全市房地产投资额的 41%。2015 年通过城市更新供应商品房面积约 436×10^4 m^2，占全市商品房供应的 47%。按照减量增长的要求，新增居住用地极为有限的情况下，城市更新项目成为商品房和保障性住房供应的重要来源。土

―――――――――――

　　① 引自：深圳市历年近期建设与土地利用规划年度实施计划

地整备工作取得突破性进展,通过土地整备移交入土地储备库的土地数量质量大幅提升。2011～2014 年,深圳市累计完成 106 km² 土地整备,释放土地 139 km²,累计支付土地整备资金 229.5 亿元。

深圳空间上的二元结构,特区内外在经济基础、产业结构、城市建设和社会服务水平等多方面发展严重不均衡,二元化矛盾突出。2010 年 7 月 1 日,深圳经济特区扩大到全市域范围。同年,深圳市以基础设施建设为支撑,全面推进特区一体化发展。

2010 年以来,在原特区外,逐步开发建设了香港中文大学深圳学院、龙岗手外科创伤外科专科医院、龙岗人民医院扩建项目、坪山中心区文化综合体（文化设施部分）、坪山体育中心（二期）、龙岗坂田外国语学校、深圳市第八高级中学、深圳市第九高级中学、深圳市第十高级中学等民生基础设施,保障性安居工程项目也相继开发建设。

坂银通道、深圳东站综合交通枢纽周边配套道路等交通设施项目逐步建设,市域大通道丹平快速一期、南坪快速二期、清平高速二期、新彩通道建成通车,南坪三期、坂银通道、深华快速路、丹平快速路二期有序推进。高铁枢纽和轨道交通等重大基础设施项目用地和投资安排向原特区外倾斜,截至 2015 年年底,原特区外交通建设项目投资占交通建设总投资比重超过 80%,全市新增道路里程中原特区外道路占 93.7%,原特区外路网规模增长 27.7%,全市道路通车里程达到 6 520 km,道路网密度达到 6.9 km/km²,原特区外地区建设用地范围内次干道以上路网密度至 3 km/km²。坂雪大道、东明大道、深汕公路改造、布龙路改造、龙华和平路、民治大道、民清路等一批原特区外主干道新建、改建工程完工通车。全市所有二线关设施完成拆除工作,启动布吉、梅林、南头等二线关交通改造工作。深圳北站、坪山站、光明城站等高铁枢纽相继建成,深圳地铁 3、5、7、11 号线的全面开通,加速了特区一体化进程。

3.4　土地利用总体特征

3.4.1　土地调查成果反映的基本特征

原始土地调查成果包括耕地、园地、林地、草地、商服用地、工矿仓储用地、住宅用地、公共管理和公共服务用地、特殊用地、交通运输用地、水域与水利设施用地、其他土地 12 大类。各类用地数量及分布情况详见表 3.4。

表 3.4　2015 年深圳市土地利用现状

编码	一级类名称	面积/km²	占比/%
1	耕地	39.77	1.99
2	园地	207.56	10.39
3	林地	577.87	28.93
4	草地	25.00	1.25

续表

编码	一级类名称	面积/km²	占比/%
5	商服用地	31.93	1.60
6	工矿仓储用地	304.81	15.26
7	住宅用地	199.08	9.97
8	公共管理与公共服务用地	96.81	4.85
9	特殊用地	11.19	0.56
10	交通运输用地	248.42	12.44
11	水域及水利设施用地	157.42	7.88
12	其他土地	97.41	4.88
	合计	1 997.27	100

12 类用地中林地最多,面积为 577.87 km²,占全市总面积 28.93%;其次是工矿仓储用地,面积为 304.81 km²,占比为 15.26%;再次是交通运输用地面积为 248.42 km²,占比为 12.44%;园地与住宅用地面积相当,园地面积为 207.56 km²,占比为 10.39%;住宅用地面积为 199.08 km²,占比为 9.97%。全市特殊用地面积最少,仅为 11.19 km²,占比不足 1%;草地、商服用地、耕地面积也较少,分别为 25.00 km²、31.93 km²、39.77 km²,占比均低于 2%。如表 3.4 所示。

为扩大土地调查数据的社会服务水平,深圳市规划和国土资源委员会、深圳市统计局依据国家《关于第二次全国土地调查主要数据成果的公报》格式,先后发布了 2009~2015 年深圳市土地主要数据成果[①],如表 3.5 所示。

表 3.5　深圳市 2015 年度土地变更调查地类汇总表*

行政区	耕地	园地	林地	草地	城镇村及工矿用地	交通运输用地	水域及水利设施用地
深圳市	3 977 (5.96)	20 756 (31.13)	57 787 (86.68)	2 500 (3.75)	83 682 (125.52)	10 029 (15.04)	15 742 (23.61)
福田区	8 (0.01)	170 (0.26)	1 554 (2.33)	5 (0.01)	4938 (7.41)	388 (0.58)	782 (1.17)

---

①引自:《深圳市规划和国土资源委员会 深圳市统计局关于深圳市第二次土地调查及 2010-2012 年度变更调查主要数据成果的公报》(深规土(（2014）538 号)、《深圳市规划和国土资源委员会 深圳市统计局关于深圳市 2013 年度土地变更调查主要数据成果的公报》(深规土（2015）11 号)、《深圳市规划和国土资源委员会 深圳市统计局关于深圳市 2014 年度土地变更调查主要数据成果的公报》(深规土（2015）471 号)、《深圳市规划和国土资源委员会 深圳市统计局关于深圳市 2015 年度土地变更调查主要数据成果的公报》(深规土（2016）828 号)

行政区	耕地	园地	林地	草地	城镇村及工矿用地	交通运输用地	水域及水利设施用地
罗湖区	22 (0.03)	336 (0.50)	3 411 (5.12)	30 (0.05)	3 051 (4.58)	404 (0.61)	578 (0.87)
南山区	86 (0.13)	2 987 (4.48)	2 519 (3.78)	34 (0.05)	9 738 (14.61)	1 248 (1.87)	1 858 (2.79)
盐田区	10 (0.01)	107 (0.16)	4 430 (6.64)	13 (0.02)	1 735 (2.60)	783 (1.17)	303 (0.45)
宝安区	758 (1.14)	3 157 (4.74)	5 826 (8.74)	663 (0.99)	19 376 (29.06)	2 810 (4.21)	6 084 (9.13)
龙岗区	598 (0.90)	3 542 (5.31)	9 904 (14.86)	355 (0.54)	19 751 (29.62)	1 987 (2.98)	1 740 (2.61)
光明区	1 376 (2.06)	3 114 (4.67)	2 121 (3.18)	263 (0.39)	6 026 (9.04)	699 (1.05)	1 066 (1.60)
坪山区	545 (0.82)	1 769 (2.65)	5975 (8.96)	452 (0.68)	5 821 (8.73)	439 (0.66)	1 010 (1.51)
龙华区	232 (0.35)	1 176 (1.76)	3 211 (4.82)	436 (0.65)	10 286 (15.43)	828 (1.24)	718 (1.08)
大鹏新区	342 (0.51)	4 398 (6.60)	18 836 (28.25)	249 (0.37)	2 960 (4.44)	443 (0.67)	1 603 (2.40)

注：2015 年原始土地调查汇总交通运输用地总面积为 248.42 km^2，其中街巷用地面积为 148.13 km^2，扣除街巷用地之后面积为 100.29 km^2，与统计公报一致

3.4.2　城市用地调查成果反映的基本特征

根据 2015 年城市用地调查结果，深圳市城市建设用地总面积 911.01 km^2。从用地类型来看，居住用地面积为 202.76 km^2，占总面积的 22.26%；商业服务业用地面积为 34.82 km^2，占总面积的 3.82%；公共管理与服务设施用地面积为 58.36 km^2，占总面积的 6.41%；工业用地面积为 274.59 km^2，占总面积的 30.14%；物流仓储用地面积为 20.44 km^2，占总面积的 2.24%；交通设施用地面积为 225.95 km^2，占总面积的 24.80%；公用设施用地面积为 22.67 km^2，占总面积的 2.49%；绿地与广场用地面积为 71.43 km^2，占总面积的 7.84%。如表 3.6 所示。

表 3.6　城市用地一级类面积

大类	名称	面积/km^2
R	居住用地	202.76
C	商业服务业用地	34.82

续表

大类	名称	面积/km²
GIC	公共管理与服务用地	58.36
M	工业用地	274.59
W	物流仓储用地	20.44
S	交通设施用地	225.95
U	公用设施用地	22.67
G	绿地与广场用地	71.43
	城市建设用地	911.01
E	其他用地	1 086.26
	合计	1 997.27

从行政区域看,深圳市城市建设用地主要集中在宝安区和龙岗区,其中,宝安区的城市建设用地面积最大,占全市城市建设用地总面积的 23.70%,其面积为 215.94 km²;龙岗区城市建设用地面积为 207.96 km²,占全市城市建设用地总面积的 22.83%;南山区城市建设用地面积第三,为 104.21 km²,占全市城市建设用地总面积的 11.44%;盐田区城市建设用地面积最少,为 26.70 km²,占全市城市建设用地总面积的 2.93%。如表 3.7 所示。

表 3.7　深圳市城市建设用地分布情况　　　　　　　　（单位:km²）

代码	地类名称	深圳市	福田区	罗湖区	南山区	盐田区	宝安区	龙岗区	龙华区	坪山区	光明区	大鹏新区
R	居住用地	202.76	14.42	12.43	20.10	4.35	42.16	53.02	25.24	13.39	9.62	8.03
C	商业服务业用地	34.82	4.27	2.79	5.28	0.77	8.55	6.54	2.46	0.73	1.60	1.83
GIC	公共管理与服务设施用地	58.36	7.35	4.01	11.20	1.82	8.95	11.48	6.62	2.12	2.78	2.01
M	工业用地	274.59	2.99	1.47	16.39	0.84	78.68	71.23	40.35	24.33	28.59	9.73
W	物流仓储用地	20.44	0.80	1.30	6.19	2.52	1.83	4.40	1.33	1.01	0.24	0.82
S	交通设施用地	225.95	16.75	8.49	29.81	10.36	60.66	44.48	20.81	12.81	15.12	6.66
U	公用设施用地	22.67	1.44	1.93	3.42	1.02	4.40	4.08	2.55	1.00	1.75	1.08

续表

代码	地类名称	深圳市	福田区	罗湖区	南山区	盐田区	宝安区	龙岗区	龙华区	坪山区	光明区	大鹏新区
G	绿地与广场用地	71.43	8.03	11.34	11.81	5.03	10.69	12.74	3.17	3.37	3.25	2.00
	城市建设用地合计	911.01	56.04	43.75	104.21	26.70	215.94	207.96	102.53	58.76	62.95	32.16

第  章

深圳市各类土地利用情况

本章按照《土地利用现状分类》（GB/T 2010-2007）的分类体系，对全市的耕地、园地、林地、草地、商服用地、工矿仓储用地、住宅用地、公共管理与公共服务用地、特殊用地、交通运输用地、水域及水利设施用地、其他用地 12 类用地的利用情况分别进行阐述。

4.1 耕 地

耕地指种植农作物的土地,是土地资源中重要的利用类型。耕地的数量、质量、分布和利用状况,直接反映农业生产的规模和发展水平。耕地是农业生产的基础,一定数量的耕地的存在,能保证深圳市的农产品供应安全,也具有生态保护功能。深圳市的耕地主要包括水浇地、水田和旱地三种类型。对于深圳市这样一个土地资源紧缺、耕地后备资源不足的城市,耕地资源的合理利用与保护显得尤为重要。

4.1.1 耕地的面积与构成

截至 2015 年年末,深圳市的耕地总面积为 39.77 km²,仅占全市土地总面积的 1.99%。从耕地类型看,深圳市的耕地以水浇地为主,旱地和水田为辅。全市共有水浇地 38.29 km²,占全市耕地总面积的 96.28%;旱地面积 1.41 km²,占全市耕地总面积的 3.54%;水田面积 0.07 km²,占全市耕地总面积的 0.18%。深圳市的耕地种植以蔬菜为主。

4.1.2 耕地的总体分布

深圳市耕地在地域上呈现不均匀分布,主要集中分布于丘陵盆地和丘陵谷地区,其中较大的聚集区为西北部的台地丘陵区和西部丘陵谷地区,该地区属于观澜河、石岩河和大陂河流域,水量充沛,种植条件优越,光明华侨畜牧农场即坐落于此。此外,在中部台地谷地区的龙岗河流域和东北部低丘盆地区的坪山河流域也有较大面积的耕地分布。东部大鹏半岛山地丘陵地区,也有较集中的几块成片农田分布。

经过 30 多年快速城市化发展,原来大块的连片耕地被城市建设占用,剩余的耕地被反复切割,不断细碎化。为提高耕地产出效率和耕种水平,深圳市政府于 2008 年启动了为期 5 年的基本农田改造工程,总投资 16 亿元,在光明、宝安、坪山等地区建设了集中连片、配套设施完善的高质量基本农田。基本农田改造工程完成后,深圳市耕地面积增加了约 10 km²,形成了集中连片与零散破碎并存的空间格局。耕地分布情况如图 4.1 所示。

从行政区域分布来看,深圳市耕地分布在各行政区域差异较大,原经济特区内耕地分布较少,占深圳市耕地总量不足 4%。占全市耕地总量的 96.83% 的耕地分布在原经济特区之外地区。其中,光明区因其原为光明华侨畜牧农场,耕地面积达 13.76 km²,占到全市耕地总量的 34.59%;其次,宝安区、龙岗区和坪山区的耕地面积,分别占到了全市耕地总面积的 19.06%、15.03% 和 13.70%;大鹏新区和龙华区也有较多分布,占到了全市总量的 8.61% 和 5.83%。其中,耕地分布较多的街道有三个,分别是公明街道 7.92 km²、光明街道 5.85 km² 和坪山街道 3.34 km²,这三个街道的耕地总面积占到全市耕地总面积的 43.02%。

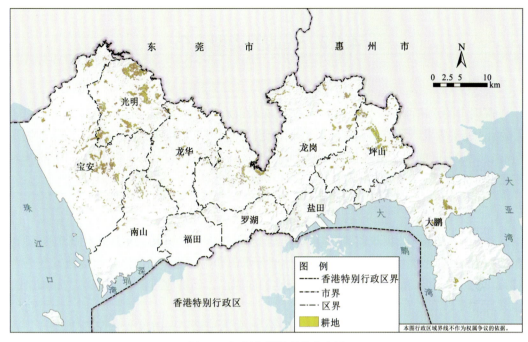

图 4.1　深圳市耕地现状分布图

原特区内的福田区、罗湖区、南山区和盐田区四区耕地面积总数共 1.26 km²，占全市耕地总面积仅 3.17%。其中，南山区耕地面积 0.86 km²，占全市耕地总面积的 2.16%；罗湖区耕地面积 0.22 km²，占全市耕地总面积的 0.55%；盐田耕地面积 0.10 km²，占全市耕地总面积的 0.25%；福田区耕地面积最少，仅为 0.08 km²，占全市耕地总面积的 0.20%。如表 4.1 所示。

表 4.1　深圳市耕地分布情况

行政区	辖区面积/km²	耕地面积/km²	占辖区面积比例/%	占地类面积比例/%
深圳市	1 997.27	39.77	1.99	100.00
福田区	78.66	0.08	0.10	0.20
罗湖区	78.75	0.22	0.28	0.55
南山区	187.47	0.86	0.46	2.16
盐田区	74.91	0.10	0.13	0.25
宝安区	396.61	7.58	1.91	19.06
龙岗区	388.22	5.98	1.54	15.04
光明区	155.44	13.76	8.85	34.60
坪山区	166.31	5.45	3.28	13.70
龙华区	175.58	2.32	1.32	5.83
大鹏新区	295.32	3.42	1.16	8.61

4.1.3　耕地的类型分布

1．水田

深圳市的水田面积较少，1995 年年底深圳市水田面积为 3.01 km^2，占耕地总面积的 4.60%。随着农业产业结构调整和耕地非农化，目前水田的面积已减少至 0.07 km^2，主要分布在大鹏新区的南澳街道 0.03 km^2 和坪山区坑梓街道 0.02 km^2，光明区、龙岗区的坪地街道和平湖街道、宝安区的松岗街道也有少量分布。

2．水浇地

水浇地一直是深圳市耕地的主要用地类型，1995 年年底，深圳市水浇地面积为 51.89 km^2，占耕地面积的 79.44%，由于一部分水田和旱地逐步被改造为水浇地或变更为建设用地及其他农用地，目前深圳市水浇地的面积已占到耕地面积的 96.28%。深圳市的水浇地主要以菜地为主。

深圳市的水浇地分布格局与耕地的分布基本一致，光明区水浇地面积最大，为 13.66 km^2，占水浇地总面积的 35.68%；宝安区水浇地面积 7.27 km^2，占 18.99%；龙岗区水浇地面积为 5.77 km^2，占水浇地总面积的 15.07%；坪山区水浇地总面积 5.36 km^2，占 13.99%。其余各区水浇地面积分布较少，其中，最少的福田区水浇地面积仅为 0.08 km^2，占水浇地总面积的 0.20%。罗湖区和盐田区的水浇地分布也较少。

3．旱地

旱地曾是深圳市耕地的主要类型之一，1995 年年底，深圳市旱地面积为 10.42 km^2，占耕地总面积的 15.95%。通过农田水利设施建设的不断完善，深圳市大部分旱地已改造为水浇地。目前全市旱地总面积为 1.41 km^2，在大鹏新区的葵涌街道、宝安区的沙井街道、龙华区的民治街道分布比较集中，其他各区分布较为零散，福田区则没有旱地分布。

4.2　园　　地

园地指种植以采集果、叶为主的集约经营的多年生木本和草本植物，覆盖度在 0.5 以上的或每亩株数大于合理株数 70%以上的土地，包括用于育苗的土地。园地分为果园、茶园和其他园地三种类型。深圳市的地貌以丘陵为主，平原和台地次之，北面和东北面多为山地和丘陵，具有丰富的森林资源，为园地的开发提供了良好的条件。同时深圳区域条件好，具有港口优势，为果品的运输提供了优越的条件，也为园地的深度开发利用起到促进作用。

4.2.1　园地的面积与构成

到 2015 年年底,深圳市共有园地 207.56 km², 占全市土地总面积的 10.39%。其中,果园是绝对的主体,面积达 204.29 km², 占全市园地总量的 98.43%;茶园数量最少,只有 0.15 km², 占全市园地总面积的 0.07%;其他园地面积 3.12 km², 占 1.50%。

4.2.2　园地的总体分布

深圳市的园地主要分布在原特区外和南山北部地区,在地域上主要分布在台地和丘陵山地。深圳市园地现状分布,具有明显的东西多、中间少的特点。西部丘陵谷地区和西北部台地丘陵区有较多园地分布,主要以种植龙眼、荔枝等的果园为主;在东部大鹏半岛山地丘陵区的低丘陵地带也多集中有种植果园;在北部低丘盆地区和中部台地谷地区,园地主要在山区有地带分布。如图 4.2 所示。

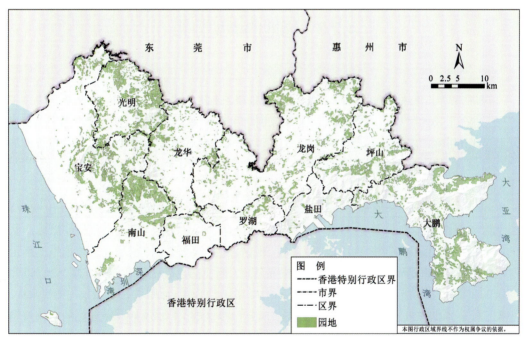

图 4.2　深圳市园地现状分布图

从行政区域分布来看,全市园地分布以大鹏新区为最多,为 43.98 km², 占 21.19%,其次为龙岗区、宝安区,所占比例均在 15% 以上,南山区因其独特地理条件,在其桃源街道和西丽街道也有较多果园种植,其园地面积也占到全市的 14.39%。福田区、罗湖区和盐田区因其地理位置及经济结构的关系,仅有少量园地分布。如表 4.2 所示。

表 4.2　深圳市园地分布情况

行政区	辖区面积/km²	园地面积/km²	占辖区面积比例/%	占地类面积比例/%
深圳市	1 997.27	207.56	10.39	100.00
福田区	78.66	1.70	2.16	0.82
罗湖区	78.75	3.36	4.27	1.62
南山区	187.47	29.87	15.93	14.39
盐田区	74.91	1.07	1.43	0.52
宝安区	396.61	31.57	7.96	15.21
龙岗区	388.22	35.42	9.12	17.06
光明区	155.44	31.14	20.03	15.00
坪山区	166.31	17.69	10.64	8.52
龙华区	175.58	11.76	6.70	5.67
大鹏新区	295.32	43.98	14.89	21.19

4.2.3　园地的类型分布

1. 果园

深圳市处于亚热带地区,夏长冬暖,气候温和,日照充足,降水充沛,山地及丘陵面积广阔,适合水果的种植生产。水果历来是深圳市生产的主要农产品之一,南头荔枝、石岩沙梨、南山甜桃、龙华方柿、西丽芒果、坪山金龟桔都是深圳市著名的特产。但是随着经济社会发展,一些水果由于产量低,已逐渐被淘汰,目前深圳市种植的水果品种主要以荔枝、柑桔和龙眼为主。

深圳市果园分布与园地总体分布基本一致,主要集中于大鹏新区、龙岗区、宝安区、光明区和南山区。南部、西南部滨海平原与山地之间的丘陵山坡和部分平原地,以南山区的桃源街道、西丽街道园地为主,种植荔枝、柑桔、龙眼等水果,特别是位于此地域的南山区西丽果场,盛产荔枝,是深圳市重要的果品基地。西北部丘陵山坡和部分丘陵盆地,以光明区的光明及公明街道、宝安的西乡及石岩街道园地为主,种植荔枝、龙眼、芒果等水果。中部、东北部和东部大鹏半岛的丘陵山坡和部分丘陵盆地,主要包括大鹏新区的南澳及葵涌街道、龙岗区的龙城及坪山街道,以及盐田区的盐田街道园地,种植柑桔、荔枝等水果。

2. 茶园

深圳市的茶园面积很小,只有 0.15 km²,其中 0.10 km² 分布在龙岗区坪地街道,另外 0.05 km² 分布在盐田区街道的三洲田山区。深圳市茶园管理较为粗放,品种不良,产量较低,茶园经济效益低,部分农户将茶园改种果园或其他园地,现存的少量茶园主要以观光旅游为主。

3．其他园地

其他园地指种植桑树、橡胶、可可、咖啡、油棕、胡椒、药材等其他多年生作物的园地，以花卉苗圃地为主，随着市民鲜花需求的不断增加，花卉种植面积呈现逐年增加的态势。与果园及茶园分布不同的是，深圳市的其他园地在原特区内的南山区（主要为西丽街道）和罗湖区（主要为东湖街道）有较多分布，分别为 0.61 km^2 和 0.60 km^2，占到了全市总量的 38.78%，另外在大鹏新区的南澳街道和坪山区的坑梓街道亦有部分分布。深圳市面积最大的其他园地位于罗湖区东湖街道，面积为 0.50 km^2。

4.3　林　　地

林地指森林生长的基地。森林对于深圳市这样一个人口稠密、高度城市化、工业化的城市来说，具有重要的生态意义。森林具有保持生物多样性、净化空气和地下水、过滤尘埃、消除噪声、平衡热场、调节气候等多种功能，沿海防护林的建设则对城市抵御台风、风暴海潮等自然灾害，减轻灾害造成的损失具有重要作用。同时可以通过林地建设，发展经济林、苗圃、花卉基地等林业产业，开辟城市森林公园，开展森林旅游，为城市经济的发展创造良好的条件。因此，发展林地是深圳市提高城市综合竞争力，保持良好生态环境，实现国民经济可持续发展的重要保障。

4.3.1　林地的面积与构成

深圳属南亚热带海洋性气候，气候温和湿润，雨量充沛，日照时间长，为林木生长创造了得天独厚的自然条件。深圳是一座生态园林城市。全市总面积近一半的土地划入"基本生态控制线"范围，禁止开展与生态环境保护相抵触的建设项目，为森林保护提供了政策支持。

根据 2015 年土地变更调查成果，深圳市的林地总面积为 577.87 km^2，占全市土地总面积的 28.93%。从类型看，深圳市林地以有林地为主，占深圳市林地总面积的 80.46%，其面积为 464.93 km^2；其次为其他林地，面积 73.23 km^2，占 12.67%。；灌木林地数量最少，面积 39.70 km^2，占全市林地总面积的 6.87%。

4.3.2　林地的总体分布

林地与园地空间分布特征高度相近，在地域上的分布与丘陵和山地基本一致。从深圳市林地现状分布图可以看出，深圳市林地呈现东多西少的分布特点。围绕大鹏湾的东部沿海山地区和大鹏半岛山地丘陵区是深圳市林地分布最集中的山地区，是深圳市最大的林区，其主要分布在梧桐山、梅沙尖、排牙山、七娘山等山系地区。林地在深圳市西部分布相对较少，主要集中在大茅山、羊台山、塘朗山—鸡公山、以及内伶仃岛等山系地区。如图 4.3 所示。

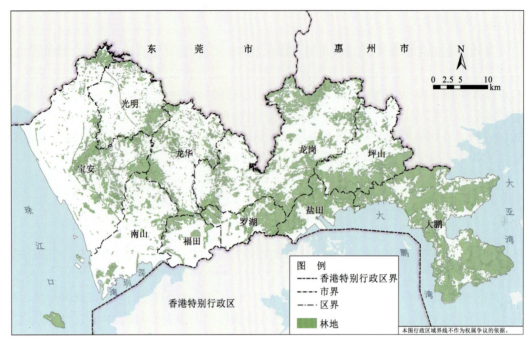

图 4.3　深圳市林地现状分布图

大鹏新区共有林地 188.36 km², 占该区面积的 63.78%, 占全市林地总面积的 32.60%, 几乎为全市的三分之一; 其次为龙岗区, 拥有林地 99.04 km², 占全市林地总面积的 17.14%; 第三为坪山区, 其林地面积占到了全市的 10.34%, 达 59.75 km²。福田区林地最少, 面积 15.54 km², 占全市林地总面积的 2.69%。如表 4.3 所示。

表 4.3　深圳市林地分布情况

行政区	辖区面积/km²	林地面积/km²	占辖区面积比例/%	占地类面积比例/%
深圳市	1 997.27	577.87	28.93	100.00
福田区	78.66	15.54	19.76	2.69
罗湖区	78.75	34.11	43.31	5.90
南山区	187.47	25.19	13.44	4.36
盐田区	74.91	44.30	59.14	7.66
宝安区	396.61	58.26	14.69	10.08
龙岗区	388.22	99.04	25.51	17.14
光明区	155.44	21.21	13.65	3.67
坪山区	166.31	59.75	35.93	10.34
龙华区	175.58	32.11	18.29	5.56
大鹏新区	295.32	188.36	63.78	32.60

4.3.3　林地的类型分布

1. 有林地

有林地是指树木郁闭度≥20%的乔木林地,包括红树林地和竹林地。有林地是全市林地利用的主要类型。有林地主要分布于林地中的低山丘陵地,海拔较高的山地有林地较少。有林地在行政区域上的分布与林地总体分布类似,分布最多的是大鹏新区,为36.3%,最少的是福田区,仅为全市的 1.83%。

深圳市有林地的原生植被为季风常绿阔叶林,具有物种丰富、结构复杂、森林景观多样等典型特征。由于屡遭破坏,地带性自然林群落已消失殆尽,现有林木多为十年绿化广东期间大面积营造的桉树、相思人工林。

2. 灌木林地

灌木林地指灌木覆盖度≥40%的林地。深圳市灌木林地面积较小,占全市林地总面积的6.87%。在地域上主要分布于山地中,东南部山地和大鹏半岛山地中占大部分。在行政区域上,主要分布于大鹏新区和盐田区,分别占到了36.74%和24.49%,占到了全市灌木林地的一半以上;福田区、罗湖区和光明区仅有少量灌木林地分布,地类面积均在 1 km² 以内。

3. 其他林地

其他林地包括疏林地(指树木郁闭度≥0.1 且<0.2 的林地)、未成林地、迹地、苗圃等林地,占全市林地总面积的 12.67%。从行政区域分布上来看,其他林地的分布较为均匀,其中面积最大的是宝安,占总面积的 25.90%,其面积为 18.97 km²,面积最小的为光明区,仅为 2.51 km²,占总面积的 3.43%。从地域分布上来看,疏林地主要集中于东南部山地和大鹏半岛山地,未成林地主要集中在山地和台地丘陵,苗圃则主要集中于盐田区、宝安区等地的苗木生产基地。

4.4　草　　地

草地指生长草本植物为主的土地,是发展畜牧业的重要资源和基地。深圳市土地资源紧缺,畜牧业在国民经济中所占比例很小,因此草地的生态意义大于生产意义。草地不仅和树木一样具有调节城市小气候、减弱噪声、绿化环境、净化空气、防止水土流失、保持生物多样性等重要作用,同时还是城市土壤净化的重要地被物,并可固定地面的尘土,有明显的减尘作用。有效地保护和利用草地资源,有利于改善城市的生态环境。

4.4.1　草地的面积与构成

深圳市草地总体数量较少,现有草地总面积 25 km²,占全市土地总面积的 1.25%。其中,主要以未利用地类型的其他草地为主,其面积为 24.93 km²,占全市草地总面积的

99.72%；天然牧草地面积只有 0.01 km²，占全市草地总面积的 0.04%；人工牧草地的面积为 0.06 km²，占全市草地总面积的 0.24%。

4.4.2　草地的总体分布

深圳市草地在原特区内外的分布差异较大，且主要分布在原特区外范围内，原特区内仅有少量分布，这和各区的土地面积及建设发展水平相关。从行政区域分布来看，草地面积最多的是宝安区，有 6.63 km²，26.52%；其次为坪山区和龙华区，分别为 4.52 km² 和 4.36 km²，分别占 18.08% 和 17.44%；全市草地面积最少的福田区，仅为 0.05 km²，仅占全市的 0.20%。如图 4.4 和表 4.4 所示。

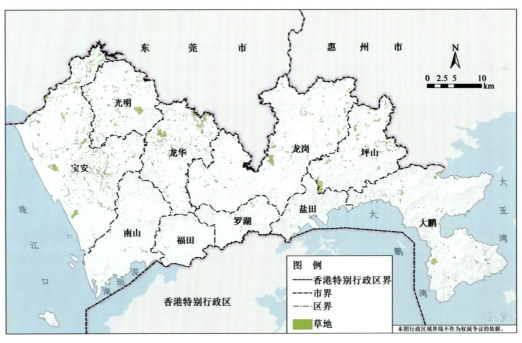

图 4.4　深圳市草地现状分布图

表 4.4　深圳市草地分布情况

行政区	辖区面积/km²	草地面积/km²	占辖区面积比例/%	占地类面积比例/%
深圳市	1 997.27	25.00	1.25	100.00
福田区	78.66	0.05	0.06	0.20
罗湖区	78.75	0.30	0.39	1.20
南山区	187.47	0.34	0.18	1.36
盐田区	74.91	0.13	0.17	0.52
宝安区	396.61	6.63	1.67	26.52

续表

行政区	辖区面积/km²	草地面积/km²	占辖区面积比例/%	占地类面积比例/%
龙岗区	388.22	3.55	0.91	14.20
光明区	155.44	2.63	1.69	10.52
坪山区	166.31	4.52	2.72	18.08
龙华区	175.58	4.36	2.48	17.44
大鹏新区	295.32	2.49	0.84	9.96

4.4.3 草地的类型分布

1. 天然牧草地

天然牧草地指以天然草本植物为主,用于放牧或割草的草地。深圳市天然牧草地数量很少,仅有 0.01 km²,全部位于南山的沙河街道,目前已不再作为放牧草场使用。

2. 人工牧草地

人工牧草地指人工种植牧草的草地。根据深圳市畜牧产业特点,人工牧草地面积很少,仅为 0.06 km²,全部分布于光明区的光明街道,光明农场内人工种植了一定面积的牧草,以供奶牛食用。

3. 其他草地

其他草地是指树木郁闭度<0.1,表层为土质,生长草本植物为主,不用于畜牧业的草地,属于未利用地。深圳市的其他草地大部分是山坡荒草地,以及农田周围的撂荒地,是深圳市重要的土地后备资源。从行政区域分布上看,其他草地的分布与草地分布类似,主要集中于宝安区和坪山区;从地域分布上来看,其他草地主要分布在西北部和东北部的丘陵盆地区。

4.5 商 服 用 地

商服用地指主要用于商业、服务业的土地,包括批发零售用地、住宿餐饮用地、商务金融用地和其他商务用地。商服用地拥有出让使用年限短、土地利用价值高、区域选择性强、可逆性差、不同类型的商服用地市场化程度不同等主要特征。

4.5.1 商服用地的面积与构成

深圳市商服用地总面积 31.93 km²,占全市建设用地总面积的 3.27%。其中,以批发零售用地为主,其面积为 15.87 km²,占全市商服用地总面积的 49.7%;其次是住宿餐饮用地,面积为 7.44 km², 占全市商服用地总面积的 23.29%; 商务金融用地面积为 5.08 km², 占全市商服用地总面积的 15.90%; 其他商服用地面积为 3.55 km², 占全市商服用地总面积的 11.11%。

4.5.2　商服用地的总体分布

从行政区域来看, 深圳市商服用地面积最多的是宝安区和龙岗区, 分别有 8.23 km² 和 6.22 km², 占商服用地总量的 25.73% 和 19.51%; 其次为南山区和福田区, 分别为 3.95 km² 和 3.69 km², 占 12.37% 和 11.55%; 全市商服用地面积最少的是盐田区和坪山区, 分别为 0.72 km² 和 0.69 km², 占全市的 2.27% 和 2.16%。如图 4.5 和表 4.5 所示。

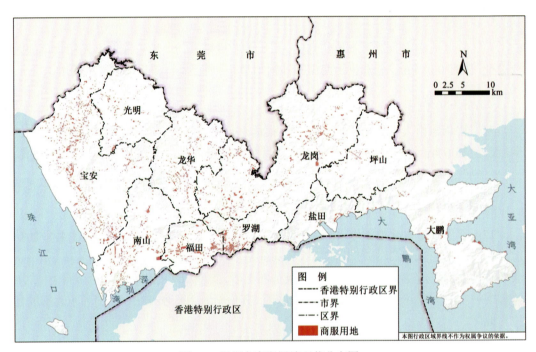

图 4.5　深圳市商服用地现状分布图

从各辖区内部来看, 商服用地占辖区建设用地面积比例最高的是罗湖区, 达到 7.17%; 其次为福田区, 该比例为 6.79%; 比例最低的是坪山区, 仅为 1.04%。罗湖区是深圳历史最为悠久的商业中心, 具有深圳早期代表性的商业建筑——国贸大厦。东门、国贸是深圳最早的商圈, 现扩展至以京基 100 为核心的蔡屋围。福田区是罗湖之后深圳第二个商业中心, 具有福田中心区、华强北等大型商圈; 福田中心区自 2006 年被定为中央商务区, 伴随着大批写字楼拔地而起, 商业项目也不断涌现。随着深圳发展重心不断向西移动, 南山中心区商圈逐渐形成。如表 4.5 所示。

表 4.5　深圳市商服用地分布情况

行政区	辖区建设用地面积/km²	商服用地面积/km²	占辖区建设用地比例/%	占地类面积比例/%
深圳市	975.5	31.93	3.27	100.00
福田区	54.36	3.69	6.79	11.55
罗湖区	38.34	2.75	7.17	8.61
南山区	113.38	3.95	3.48	12.37
盐田区	25.94	0.72	2.78	2.27
宝安区	236.06	8.23	3.49	25.73
龙岗区	224.51	6.22	2.77	19.51
光明区	67.49	1.47	2.18	4.62
坪山区	66.43	0.69	1.04	2.16
龙华区	112.77	2.45	2.17	7.67
大鹏新区	36.22	1.76	4.86	5.51

4.5.3　商服用地的类型分布

1. 批发零售用地

批发零售用地指主要用于商品批发、零售的用地,包括商场、商店、超市、各类批发(零售)市场、加油站等及其附属的小型仓库、车间、工场等的用地。深圳市的批发零售用地为 15.86 km²,主要分布于原特区外,其中,宝安区的批发零售用地面积最多,占全市的33.59%,主要分布在沙井—松岗制造业园区和福永—西乡现代物流园区;其次是龙岗区,占全市批发零售用地总面积的 27.16%,主要分布在龙岗中心城和布吉—平湖现代物流园区;盐田区的批发零售用地面积最少,仅占全市的 0.40%。

2. 住宿餐饮用地

住宿餐饮用地指主要用于提供住宿、餐饮服务的用地,包括宾馆、酒店、饭店、旅馆、招待所、度假村、餐厅、酒吧等。深圳市的住宿餐饮用地为 7.44 km²,分布相对均衡。其中,大鹏新区的住宿餐饮用地面积最多,占全市的 18.41%,主要分布在东西涌、下沙、桔钓沙等滨海旅游度假区;坪山区的住宿餐饮用地面积最少,占全市住宿餐饮用地总面积的 2.15%。

3. 商务金融用地

商务金融用地指企业、服务业等办公用地,以及经营性的办公场所用地,包括写字楼、商业性办公场所、金融活动场所和企业厂区外独立的办公场所等用地。深圳市的商务金融用地为 5.07 km²,分布较为集聚,原特区内占 83.23%,其中,福田区的商务金融用地面积最大,占全市的 30.77%,主要集中分布福田中心商务区;其次是南山区和罗湖区,分别占28.01%和21.30%;分别集中分布在后海中心商务区和罗湖金三角商业区。

4．其他商服用地

其他商服用地指上述用地以外的其他商业、服务业用地，包括洗车场、洗染店、废旧物资回收站、维修网点、照相馆、理发美容店、洗浴场所等用地。深圳市的其他商服用地为 3.56 km²，宝安最多，占全市其他商服用地总面积的 36.52%，主要分布在沙井、西乡；盐田的其他商服用地面积最少，只占全市的 1.45%。如表 4.6 所示。

表 4.6　深圳市商服用地各类型分布情况

行政区	商服用地/km²	其中			
		批发零售用地/km²	住宿餐饮用地/km²	商务金融用地/km²	其他商服用地/km²
深圳市	31.93	15.86	7.44	5.07	3.56
福田区	3.69	1.36	0.70	1.56	0.07
罗湖区	2.75	0.86	0.70	1.08	0.11
南山区	3.95	1.28	1.02	1.42	0.23
盐田区	0.72	0.06	0.45	0.16	0.05
宝安区	8.23	5.33	1.20	0.40	1.30
龙岗区	6.22	4.31	1.06	0.21	0.64
光明区	1.47	0.73	0.37	0.05	0.32
坪山区	0.69	0.34	0.16	0.04	0.15
龙华区	2.45	1.35	0.41	0.10	0.59
大鹏新区	1.76	0.24	1.37	0.05	0.10

4.6　工矿仓储用地

工矿仓储用地指主要用于工业生产、物资存放场所的土地，包括工业用地、采矿用地和仓储用地。工矿仓储用地是城镇建设用地的重要组成部分，具有选址和适宜性差异大、受土地宏观调控和产业政策调控影响大等特征。

4.6.1　工矿仓储用地的面积与构成

深圳市的工矿仓储用地面积为 304.81 km²，占全市建设用地总面积的 31.25%。其中主要以工业用地为主，面积为 274.21 km²，占工矿仓储用地总面积的 89.96%；其次是仓储用地，面积为 21.31 km²，占工矿仓储用地总面积的 6.99%；采矿用地最少，面积为 9.29 km²，仅占 3.05%。

4.6.2 工矿仓储用地的总体分布

深圳市工矿仓储用地空间分布差异较大,其中,89.14%位于原特区外,宝安区和龙岗区最多,面积分别为 81.67 km² 和 80.05 km²,占全市工矿仓储用地总面积的 26.79%和26.26%,大鹏新区较少,为 10.96 km²,仅占 3.60%。原特区内,南山区的工矿仓储用地最多,面积为23.35 km²,占 7.66%;工矿仓储用地较少的依次是福田区、盐田区和罗湖区,面积分别为 3.85 km²、3.15 km² 和 2.73 km²,所占比例为 1.26%、1.03%和0.90%。

从各辖区内部来看,原特区外各区工矿仓储用地占辖区建设用地的比例均超过 30%,其中光明区最高,达到 43.83%,其余依次为坪山区、龙华区、龙岗区、宝安区、大鹏新区,分别为38.87%、38.70%、35.66%、34.60%、30.27%;原特区内各区工矿仓储用地占辖区建设用地的比例较低,最高者为拥有高新区和赤湾港区的南山区,该比例为 20.59%。如图4.6 和表 4.7 所示。

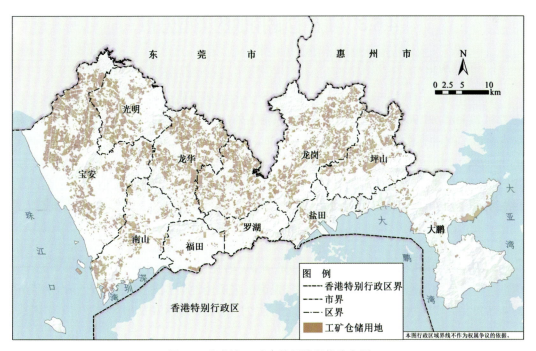

图 4.6 深圳市工矿仓储用地现状分布图

表 4.7 深圳市工矿仓储用地分布情况

行政区	辖区建设用地 面积/km²	工矿仓储用地 面积/km²	占辖区建设用地 比例/%	占地类面积 比例/%
深圳市	975.50	304.81	31.25	100.00
福田区	54.36	3.85	7.08	1.26
罗湖区	38.34	2.73	7.12	0.90

行政区	辖区建设用地 面积/km²	工矿仓储用地 面积/km²	占辖区建设用地 比例/%	占地类面积 比例/%
南山区	113.38	23.35	20.59	7.66
盐田区	25.94	3.15	12.14	1.03
宝安区	236.06	81.67	34.60	26.79
龙岗区	224.51	80.05	35.66	26.26
光明区	67.49	29.58	43.83	9.71
坪山区	66.43	25.82	38.87	8.47
龙华区	112.77	43.65	38.70	14.32
大鹏新区	36.22	10.96	30.27	3.60

4.6.3　工矿仓储用地的类型分布

1．工业用地

工业用地指工业生产及直接为工业生产服务的附属设施用地。深圳市工业用地面积为 274.21 km²，91.96%的工业用地分布在原特区外，其中最多分布在宝安区和龙岗区，分别占全市工业用地总面积的 28.44%和 26.03%；原特区内的工业用地只占全市的 8.04%，占比最少的盐田区仅占 0.30%。工业用地空间分布散乱，集聚程度较低，结构相对无序，共有 148.41 km² 工业用地位于深圳市重点产业园区[①]内，仅占全市工业用地总面积的 54.12%。

2．采矿用地

采矿用地指采矿、采石、采砂（沙）场，盐田，砖瓦窑等地面生产用地及尾矿堆放地。深圳市的采矿用地面积为 9.29 km²，其中，龙岗区采矿用地面积最多，有 4.08 km²，占全市的 43.92%；宝安区次之，有 1.96 km²，占全市的 21.10%；罗湖区和盐田区均没有采矿用地。

3．仓储用地

仓储用地指用于物资储备、中转的场所用地。深圳市的仓储用地面积为 21.31 km²，其中，南山区的仓储用地面积最多，占全市仓储用地总面积的 28.48%；其次是龙岗区，占全市的 21.54%；光明区的仓储用地最少，占全市的 1.97%。仓储用地分布相对集聚，与港

---

①全市共二十个重点产业园区，包括深圳湾—留仙洞—大学城高新产业核、福永—沙井高新园区、松岗—沙井西部工业园区、燕罗—李西工业园区、松岗—沙井—福永东部工业园区、公明产业集聚基地、光明南高新区、石岩高新园区、大浪工业园区、观澜北工业园区、龙华坂雪岗高新区、观澜东工业园区、平湖西部工业园区、平湖东部工业园区、横岗工业园区、宝龙工业园区、坪地工业园区、坪山汽车工业园区、聚龙山生物工业园区、大工业区

口、铁路货运站等区域交通设施布局密切相关,集中分布在前海、盐田港片区、赤湾港片区、笋岗—清水河片区、笋岗现代物流园区、福田保税区等片区。如表 4.8 所示。

表 4.8 深圳市工矿仓储用地各类型分布情况

行政区	工矿仓储用地/km²	其中		
		工业用地/km²	采矿用地/km²	仓储用地/km²
深圳市	304.81	274.21	9.29	21.31
福田区	3.85	2.99	0.07	0.79
罗湖区	2.73	1.46	0.00	1.27
南山区	23.35	16.77	0.51	6.07
盐田区	3.15	0.83	0.00	2.32
宝安区	81.67	77.99	1.96	1.72
龙岗区	80.05	71.38	4.08	4.59
龙华区	43.65	40.69	1.14	1.82
坪山区	25.82	23.70	0.70	1.42
光明区	29.58	28.69	0.47	0.42
大鹏新区	10.96	9.71	0.36	0.89

4.7 住 宅 用 地

住宅用地指主要用于人们生活居住的房基地及其附属设施的土地,包括城镇住宅用地和农村宅基地。住宅用地的主要特征为:出让使用年限最长,受节约集约用地原则限制;市场交易量大,市场比较发达;自然环境、人文环境和基础设施、公共配套设施完善程度高,区域选择要求高;可逆性差等。

4.7.1 住宅用地的面积与构成

深圳市的住宅用地面积为 199.08 km²,占全市土地总面积的 20.41%。其中,城镇住宅用地面积为 99.01 km²,占全市住宅用地总面积的 49.73%;农村宅基地面积为 100.07 km²,占住宅用地总面积的 50.27%。

4.7.2 住宅用地的总体分布

从行政区域来看,深圳市的住宅用地主要分布在龙岗区和宝安区,面积分别为 51.57 km² 和 41.22 km²,占全市住宅用地总面积的 25.90% 和 20.71%;盐田区的住宅用地面积最小,为 4.22 km²,仅占全市住宅用地总面积的 2.12%。

从各辖区内部来看，各区住宅用地占辖区建设用地比例最高的是罗湖区，达到 32.13%；其次是福田区，该比例为 26.47%；光明区住宅用地占辖区建设用地比例最低，仅为 14.40%。住宅用地空间分布与地形地貌紧密相关，主要分布在低丘陵和平原地区。比如原特区内罗湖区和南山区，由于受到梧桐山、塘朗山影响，住宅用地主要分布在罗湖区的西部、南山区的南部地区。如图 4.7 和表 4.9 所示。

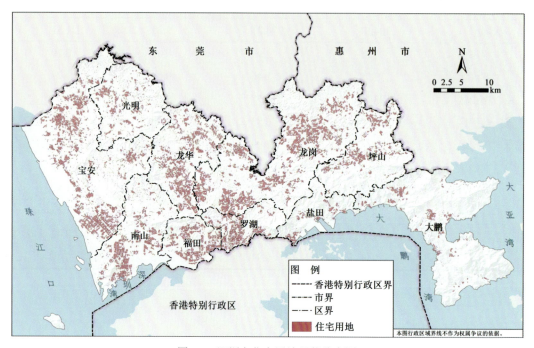

图 4.7　深圳市住宅用地现状分布图

表 4.9　深圳市住宅用地分布情况

行政区	辖区建设面积/km²	住宅用地面积/km²	占辖区建设用地比例/%	占地类面积比例/%
深圳市	975.50	199.08	20.41	100.00
福田区	54.36	14.39	26.47	7.23
罗湖区	38.34	12.32	32.13	6.19
南山区	113.38	19.44	17.15	9.76
盐田区	25.94	4.22	16.27	2.12
宝安区	236.06	41.22	17.46	20.71
龙岗区	224.51	51.57	22.97	25.90
光明区	67.49	9.72	14.40	4.88
坪山区	66.43	13.06	19.66	6.56
龙华区	112.77	25.02	22.19	12.57
大鹏新区	36.22	8.12	22.42	4.08

4.7.3　住宅用地的类型分布

1. 城镇住宅用地

城镇住宅用地指城镇用于居住的各类房屋用地及其附属设施用地,包括普通住宅、公寓、别墅等用地。深圳市的城镇住宅用地面积为 99.01 km²,其中,宝安区和龙岗区的城镇住宅用地面积最多,且两区总量相近,分别为 19.59 km² 和 19.58 km²,占全市的 19.79%。城镇住宅用地最多分布的街道是龙华区的民治街道和宝安区的西乡街道。

2. 农村宅基地

农村宅基地指农村用于生活居住的宅基地。深圳市的农村宅基地面积为 100.07 km²,主要分布在龙岗区,占全市农村宅基地总面积的 31.97%;其次在宝安区,占全市的 21.62%;盐田区的农村宅基地最少,仅占全市的 1.05%。农村宅基地最多分布的街道是坪山区的坪山街道、龙岗区的龙岗街道、宝安区的沙井街道。如表 4.10 所示。

表 4.10　深圳市住宅用地各类型分布情况

行政区	住宅用地/km²	其中	
		城镇住宅用地/km²	农村宅基地/km²
深圳市	199.08	99.01	100.07
罗湖区	12.32	9.50	2.82
福田区	14.39	12.32	2.07
南山区	19.44	15.52	3.92
盐田区	4.22	3.17	1.05
宝安区	41.22	19.59	21.63
龙岗区	51.57	19.58	31.99
光明区	9.72	2.56	7.16
坪山区	13.06	1.86	11.20
龙华区	25.02	12.26	12.76
大鹏新区	8.12	2.65	5.47

4.8　公共管理与公共服务用地

公共管理与公共服务用地指用于机关团体、新闻出版、科教文卫、风景名胜、公共设施等的土地,涵盖事业、公共设施等的土地。其主要特征包括:用地性质差异较大,无使用年限限制;投资渠道广泛,社会性强;服务共享性和福利性;主要是公益性用地,收益很小或无收益。

4.8.1　公共管理与公共服务用地的面积与构成

根据 2015 年土地变更调查结果,深圳市的公共管理和公共服务用地面积为 96.81 km²,占全市土地总面积的 4.85%。其中,科教用地、文体娱乐用地和公共设施用地所占比例较高,均在 20% 以上,面积分别为 26.51 km²、21.07 km² 和 19.88 km²,占全市公共管理和公共服务用地总面积的 27.38%、21.76% 和 20.54%;机关团体用地和公园与绿地,面积分别为 11.40 km² 和 11.22 km²,占全市公共管理和公共服务用地总面积的 11.78% 和 11.59%;医卫慈善用地和风景名胜设施用地所占比例较低,面积为 3.44 km² 和 2.77 km²,分别占全市公共管理和公共服务用地总面积的 3.55% 和 2.86%;新闻出版用地所占比例最低,其面积为 0.51 km²,仅占全市公共管理和公共服务用地总面积的 0.53%。

4.8.2　公共管理与公共服务用地的总体分布

从行政区域看,南山区、宝安区和龙岗区的公共管理和公共服务用地面积较多,分别为 19.53 km²、17.37 km² 和 15.95 km²,分别占全市公共管理和公共服务用地总面积的 20.18%、17.94% 和 16.47%;坪山区和大鹏新区的公共管理和公共服务用地面积较少,分别为 3.57 km² 和 3.19 km²,仅占全市的 3.68% 和 3.30%。如图 4.8 所示。

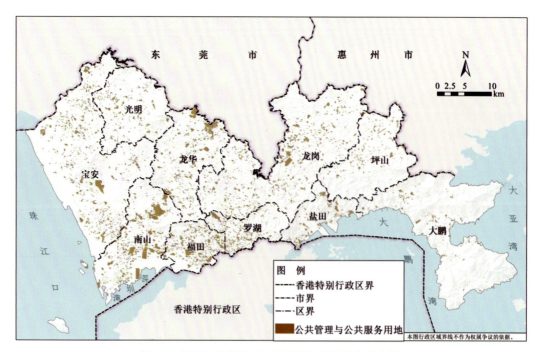

图 4.8　深圳市公共管理与公共服务用地现状分布图

从各辖区内部来看,原特区内各区公共管理和公共服务用地占辖区建设用地比例均超过 15%,其中,最高为福田区,达到 19.32%,南山区、盐田区、罗湖区分别为 17.23%、

16.11%、14.66%。除龙华区外,原特区外各区公共管理和公共服务用地占辖区建设用地比例,均低于 10%,最低的为坪山区,仅为 5.37%。公共管理和公共服务用地空间分布,在原特区内外呈现典型的二元化特征。原特区内公共管理和公共服务用地比例均高于原特区外,反映出原特区内外的基本公共服务水平仍存在一定差距。如表 4.11 所示。

表 4.11　深圳市公共管理与公共服务用地分布情况

行政区	辖区建设用地面积/km²	公共管理与公共服务用地面积/km²	占辖区建设用地比例/%	占地类面积比例/%
深圳市	975.50	96.81	9.92	100.00
福田区	54.36	10.50	19.32	10.85
罗湖区	38.34	5.62	14.66	5.80
南山区	113.38	19.53	17.23	20.18
盐田区	25.94	4.18	16.11	4.32
宝安区	236.06	17.36	7.36	17.94
龙岗区	224.51	15.95	7.10	16.47
光明区	67.49	5.23	7.75	5.40
坪山区	66.43	3.57	5.37	3.68
龙华区	112.77	11.68	10.36	12.06
大鹏新区	36.22	3.19	8.81	3.30

4.8.3　公共管理与公共服务用地的类型分布

1. 机关团体用地

机关团体用地指用于党政机关、社会团体、群众自治组织等的用地。深圳市的机关团体用地面积为 11.40 km²。其中,南山区的机关团体用地最多,占全市的 22.46%,主要分布在蛇口街道、西丽街道和南头街道;其次是龙岗区、福田区和宝安区,分别占全市机关团体用地总面积的 17.30%、16.67% 和 15.26%;大鹏新区、光明区和坪山区的机关团体用地较少,分别占 3.68%、3.33% 和 3.24%。

2. 新闻出版用地

新闻出版用地指用于广播电台、电视台、电影厂、报社、杂志社、通讯社、出版社等的用地。深圳市的新闻出版用地面积为 0.51 km²,福田区和宝安区的新闻出版用地面积最多,占到了全市新闻出版用地总面积的 39.20% 和 31.40%;光明区的最少,没有新闻出版用地。

3. 科教用地

科教用地指用于各类教育,独立的科研、勘测、设计、技术推广、科普等的用地。深圳市的科教用地面积为 26.52 km², 各区中小学教育设施分布均衡, 与住宅用地分布相匹配, 而南山区的大学城片区和龙岗区的大运新城片区集中布局了众多高等院校, 因此两区的科教用地面积最多, 分别占全市科教用地总面积的 23.39% 和 20.86%。

4. 医卫慈善用地

医卫慈善用地指用于医疗保健、卫生防疫、急救康复、医检药检、福利救助等的用地。深圳市的医卫慈善用地面积为 3.44 km², 龙岗区的医卫慈善用地面积占全市的 24.71%。医卫慈善用地最多分布的街道是龙城街道。

5. 文体娱乐用地

文体娱乐用地指用于各类文化、体育、娱乐及公共广场等的用地。深圳市的文体娱乐用地面积为 21.07 km², 其中, 各区文体娱乐设施面积最大的依次有龙华区、南山区和宝安区, 分别占全市的 22.88%、21.45% 和 20.36%,; 盐田区的文体娱乐设施面积最少, 仅占全市文体娱乐设施总面积的 0.90%。文体娱乐用地最多分布的街道是龙华区的观澜街道。

6. 公共设施用地

公共设施用地指用于城乡基础设施的用地, 包括给排水、供电、供热、供气、邮政、电信、消防、环卫、公用设施维修等用地。深圳市的公共设施用地面积为 19.88 km², 各区公共设施用地面积在全市公共设施用地总面积中所占比例相对均匀, 其中比例最高为宝安区 18.01%, 比例最低为盐田区 2.45%。

7. 公园与绿地

公园与绿地指城镇、村庄内部的公园、动物园、植物园、街心花园和用于休憩及美化环境的绿化用地。深圳市的公园与绿地面积为 11.22 km², 宝安区的公园与绿地面积总量最多, 占全市公园与绿地总面积的 21.93%; 其次为龙岗区, 占全市的 17.91%; 第三为盐田区, 占全市公园与绿地总面积的 13.37%。

8. 风景名胜设施用地

风景名胜设施用地指风景名胜 (包括名胜古迹、旅游景点、革命遗址等) 景点及管理机构的建筑用地, 景区内的其他用地按现状归入相应地类。深圳市的风景名胜设施用地面积为 2.77 km², 南山区拥有世界之窗、欢乐谷、民俗文化村等主题乐园, 其风景名胜设施用地占全市的一半以上, 为 51.99%; 坪山区的风景名胜设施用地面积最少, 仅占全市的 0.36%。如表 4.12 所示。

表 4.12　深圳市公共管理与公共服务用地各类型分布情况　　　　（单位：km²）

行政区	公共管理和公共服务用地	其中							
		机关团体用地	新闻出版用地	科教用地	医卫慈善用地	文体娱乐用地	公共设施用地	公园与绿地	风景名胜设施用地
深圳市	96.81	11.40	0.51	26.52	3.44	21.07	19.88	11.22	2.77
福田区	10.50	1.90	0.20	2.34	0.56	3.26	1.14	1.04	0.06
罗湖区	5.62	0.79	0.06	1.46	0.30	0.55	1.92	0.51	0.03
南山区	19.53	2.56	0.04	6.20	0.41	4.52	3.26	1.10	1.44
盐田区	4.18	0.58	0.00	0.70	0.10	0.19	0.49	1.50	0.62
宝安区	17.36	1.74	0.16	4.53	0.55	4.29	3.58	2.46	0.05
龙岗区	15.95	1.98	0.03	5.53	0.85	2.00	3.49	2.01	0.06
光明区	5.23	0.38	0.00	1.33	0.16	0.75	1.79	0.72	0.10
坪山区	3.57	0.37	0.00	1.06	0.21	0.39	0.94	0.59	0.01
龙华区	11.68	0.68	0.02	2.42	0.24	4.82	2.39	0.72	0.39
大鹏新区	3.19	0.42	0.00	0.95	0.06	0.30	0.88	0.57	0.01

4.9　特　殊　用　地

特殊用地指用于涉外、宗教、监教、殡葬等的土地，具有数量有限性、垄断性、交易稀少性和用途受限性等特征。

4.9.1　特殊用地的面积与构成

深圳市的特殊用地面积为 11.19 km²，占全市土地总面积的 0.56%。其中，军事设施用地占一半以上，面积为 6.36 km²，占全市特殊用地总面积的 56.84%；殡葬用地面积为 3.56 km²，占全市特殊用地总面积的 31.72%；监教场所用地面积为 1.01 km²，占全市特殊用地总面积的 9.03%；宗教用地面积为 0.26 km²，占全市特殊用地总面积的 2.32%；深圳市无使领馆用地。

4.9.2　特殊用地的总体分布

从行政区域来看，龙华区和龙岗区的特殊用地面积最大，分别为 2.40 km² 和 2.36 km²，占全市特殊用地总面积的 21.45% 和 21.09%；最小的依次是光明区、大鹏新区和坪山区，面积分别为 0.63 km²、0.53 km² 和 0.41 km²，分别占全市特殊用地总面积的 5.63%、4.74% 和 3.66%。如图 4.9 所示。

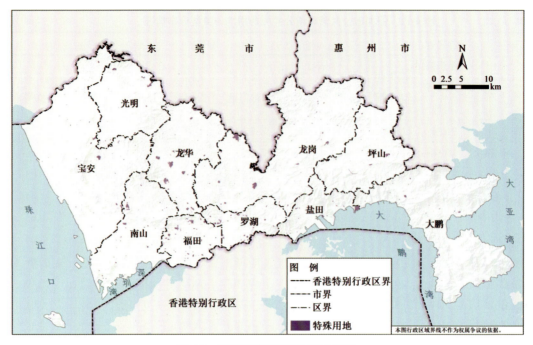

图 4.9　深圳市特殊用地现状分布图

　　从各辖区内部来看,特殊用地面积占辖区建设用地比例普遍较低。最高的盐田区也仅占 2.99%,最小的宝安区则只占该区建设用地的 0.43%。如表 4.13 所示。

表 4.13　深圳市特殊用地分布情况

行政区	辖区建设用地 面积/km²	特殊用地 面积/km²	占辖区建设用地 比例/%	占地类面积 比例/%
深圳市	975.5	11.19	1.15	100.00
福田区	54.36	1.15	2.12	10.28
罗湖区	38.34	1.01	2.63	9.03
南山区	113.38	0.92	0.81	8.22
盐田区	25.94	0.77	2.97	6.88
宝安区	236.06	1.01	0.43	9.03
龙岗区	224.51	2.36	1.05	21.09
光明区	67.49	0.63	0.93	5.63
坪山区	66.43	0.41	0.62	3.66
龙华区	112.77	2.40	2.13	21.45
大鹏新区	36.22	0.53	1.46	4.74

4.9.3　特殊用地的类型分布

1. 军事设施用地

军事设施用地军事设施用地面积为 6.36 km^2。其中,龙华区最多,占全市的 32.55%;坪山区最小,仅占 0.94%。

2. 使领馆用地

使领馆用地指用于外国政府及国际组织驻华使领馆、办事处等的用地。深圳市无使领馆用地。

3. 监教场所用地

监教场所用地指用于监狱、看守所、劳改场、劳教所、戒毒所等的建筑用地。深圳市监教场所用地面积为 1.01 km^2,主要分布在坪山区的坪山街道和福田区的梅林街道,分别占全市监教场所用地总面积的 23.76% 和 20.79%;龙岗区的龙城街道、龙华区的民治街道和宝安区的西乡街道分布也较多,分别占 15.84%、12.87% 和 9.90%。

4. 宗教用地

宗教用地指专门用于宗教活动的庙宇、寺院、道观、教堂等宗教自用地。深圳市的宗教用地面积为 0.26 km^2。其中,罗湖区的宗教用地最多,占全市宗教用地总面积的 19.23%,全部分布在莲塘街道;盐田区没有宗教用地。

5. 殡葬用地

殡葬用地指陵园、墓地、殡葬场所用地。深圳市的殡葬用地面积为 3.56 km^2,龙岗区和宝安区的殡葬用地最多,占全市殡葬用地总面积的 27.04% 和 20.56%,分别主要分布在南湾街道和西乡街道;罗湖区的殡葬用地面积最小,仅占全市的 0.28%。如表 4.14 所示。

表 4.14　深圳市特殊用地各类型分布情况　　　　　　　　　　（单位: km^2）

行政区	特殊用地	其中			
		军事设施用地	监教场所	宗教用地	殡葬用地
深圳市	11.19	6.36	1.01	0.26	3.56
福田区	1.15	0.62	0.22	0.03	0.28
罗湖区	1.01	0.88	0.06	0.06	0.01
南山区	0.92	0.49	0.07	0.02	0.34
盐田区	0.77	0.23	0.03	0.00	0.51
宝安区	1.01	0.13	0.10	0.04	0.74
龙岗区	2.36	1.19	0.16	0.04	0.97

续表

行政区	特殊用地	其中			
		军事设施用地	监教场所	宗教用地	殡葬用地
龙华区	2.40	2.07	0.13	0.01	0.19
坪山区	0.41	0.06	0.24	0.01	0.10
光明区	0.63	0.40	0.00	0.01	0.22
大鹏新区	0.53	0.29	0.00	0.04	0.20

4.10 交通运输用地

交通运输用地指用于运输通行的地面线路、场站等的土地。交通运输是保障城市运行的关键行业,深圳地处珠江三角洲前沿,是连接香港和中国内地的纽带和桥梁,是我国重要的交通枢纽,深圳海陆空口岸俱全,是中国拥有口岸数量最多、出入境人员最多、车流量最大的口岸城市。交通运输用地的合理分布与利用,关系到国民经济的可持续发展和城市的健康运行。

4.10.1 交通运输用地的面积与构成

深圳市交通运输用地总面积为 248.42 km^2,占全市土地总面积的 12.44%。从用地类型来看,深圳市交通运输用地的主体是街巷用地和公路用地,其面积分别为 148.12 km^2 和 56.54 km^2,占到了交通运输用地的 59.62% 和 22.76%,其次为机场用地,占到了 5.06%;港口码头用地和铁路用地,分别占 5.04% 和 4.12%,管道运输用地最少,仅为 0.24 km^2,占 0.10%。

4.10.2 交通运输用地的总体分布

从行政区域看,深圳市交通运输用地主要集中在宝安和龙岗,其中,宝安区的交通运输用地面积最大,面积为 64.55 km^2,占全市交通运输用地总面积的 25.99%。龙岗区交通运输用地面积为 49.72 km^2,占全市交通运输用地总面积的 20.01%;南山区交通运输用地面积第三,为 32.51 km^2,占全市交通运输用地总面积的 13.09%;大鹏新区交通运输用地面积最少,为 7.63 km^2,占全市交通运输用地总面积的 3.07%。如图 4.10 所示。

从各辖区内部来看,交通运输用地占辖区建设用地比例以盐田区最高,达到 42.44%;其次为福田区,该比例为 33.54%;龙华区最低,仅占辖区建设用地的 20.46%。如表 4.15 所示。

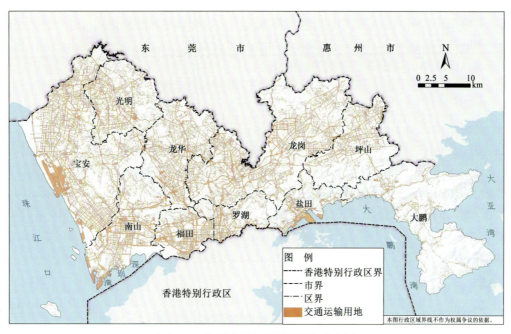

图 4.10　深圳交通运输用地现状分布图

表 4.15　深圳市交通运输用地分布情况

行政区	辖区建设用地面积/km²	交通运输用地面积/km²	占辖区建设用地比例/%	占地类面积比例/%
深圳市	975.50	248.42	25.47	100.00
福田区	54.36	18.23	33.54	7.34
罗湖区	38.34	9.37	24.44	3.77
南山区	113.38	32.51	28.67	13.09
盐田区	25.94	11.01	42.44	4.43
宝安区	236.06	64.55	27.34	25.99
龙岗区	224.51	49.72	22.15	20.01
光明区	67.49	18.12	26.85	7.29
坪山区	66.43	14.21	21.39	5.72
龙华区	112.77	23.07	20.46	9.29
大鹏新区	36.22	7.63	21.07	3.07

4.10.3　交通运输用地的类型分布

1．铁路用地

铁路用地指用于铁道线路、轻轨、场站的用地，包括设计内的路堤、路堑、道沟、桥梁、林木等用地。深圳市的铁路用地面积为 10.23 km²，铁路网四通八达，贯穿中国大陆的两条主要铁路干线——京广线和京九线在深圳交汇。广深线高峰时刻每隔 10 分钟开通一趟"和谐号"高速列车,基本上实现了城际铁路"公交化"运营。广深港客运专线、厦深铁路等高速铁路大幅提升了深圳的辐射能力。

2. 公路用地

公路用地指用于国道、省道、县道和乡道的用地,包括设计内的路堤、路堑、道沟、桥梁、汽车停靠站、林木及直接为其服务的附属用地。深圳市的公路用地面积 56.54 km²,公路交通发达,随着珠三角区域交通一体化和高速公路联网的实现,深圳作为泛珠三角区域交通枢纽城市的地位进一步巩固。目前,经过深圳市的国道有京深线、山深线两条;省道有龙深线、高横线、惠庙线、西宝线、核龙线等;境内高速公路有梅观高速、机荷高速、盐坝高速、水官高速、南光高速、盐排高速、清平高速等;跨境高速公路有广深高速、莞深高速、深汕高速、惠盐高速、龙大高速、博深高速、沿江高速等。

3. 机场用地

机场用地指用于民用机场的用地。深圳市的机场用地面积 12.56 km²,集中分布于宝安区的宝安国际机场。宝安国际机场是中国境内第一个实现海、陆、空联运的现代化国际空港,也是中国境内第一个采用过境运输方式的国际机场。2015 年,深圳机场完成旅客吞吐量 3972.16 万人次、货邮吞吐量 101.37×10⁴ t。在深运营的 30 家航空公司共开辟客运航线 191 条、通航城市 110 个。年末开通运营国内航线 166 条,国际航线 21 条,港澳台航线 4 条。

4. 港口码头用地

港口码头用地指用于人工修建的客运、货运、捕捞及工作船舶停靠的场所及其附属建筑物的用地,不包括常水位以下部分。深圳是一座港口城市,深圳港是华南地区集装箱枢纽港,港口码头用地面积 12.52 km²。2015 年,深圳拥有港口泊位数 156 个,其中万吨级泊位 67 个。已先后建成蛇口、赤湾、妈湾、东角头、盐田、福永、下洞、沙渔涌、内河等港区,1 个修船基地。深圳港货物吞吐量 21 706.38×10⁴ t,集装箱吞吐量 2 403.74 万标准箱,连续三年位居全球集装箱港口第三。深圳市港口集中分布在沿海的盐田区、南山区和宝安区,其中盐田区面积最大,为 4.71 km²,占全市港口码头用地总面积的 37.62%;其次为南山区,面积为 4.61 km²,占 36.82%;宝安区为 2.95 km²,占 23.56%。

5. 管道运输用地

管道运输用地指用于运输煤炭、石油、天然气等管道及其相应附属设施的地上部分用地。深圳市管道运输用地面积较小,总面积为 0.24 km²。

6. 街巷用地

街巷用地指用于城镇、村庄内部公用道路(含立交桥)及行道树的用地,包括公共停车场、汽车客货运输站点及停车场等用地。深圳市的街巷用地面积 148.12 km²,基本形成了以快速路为骨架、主次干路有序结合的道路网系统。丹平快速一期、南坪快速二期、清平高速二期、新彩通道建成通车，强化了特区一体发展的交通联系。

7. 农村道路

深圳市农村道路用地面积 8.21 km²，占交通用地 3.3%，主要分布在原特区外的六个区，具体分布如图 4.11 所示。

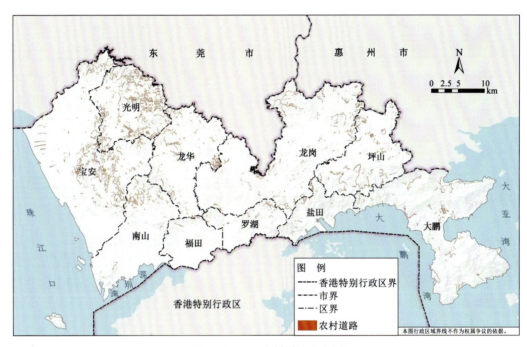

图 4.11　深圳农村道路分布图

从行政区域看，深圳市农村道路用地主要集中在光明区和宝安区，其中，光明区的农村道路用地面积最大，占全市农村道路用地总面积的 25.94%，其面积为 2.13 km²；宝安区农村道路用地面积为 1.72 km²，占全市农村道路用地总面积的 20.95%；福田区农村道路用地面积最少，为 0.04 km²，占全市农村道路用地总面积的 0.49%。

随着深圳市城市化进程的加快和特区一体化政策的实施，农村道路的面积逐年减少。目前深圳市农村道路用地仅有 8.21 km²，且较多地分布于原特区外的光明区、宝安区和龙岗区。如表 4.16 所示。

表 4.16　深圳市交通运输用地各类型分布情况　　　　　　　　（单位：km²）

行政区	交通运输用地	其中						
		铁路用地	公路用地	街巷用地	农村道路	机场用地	港口码头用地	管道运输用地
深圳市	248.42	10.23	56.54	148.12	8.21	12.56	12.52	0.24
福田区	18.23	0.45	3.32	14.35	0.04	0.00	0.08	0.00

续表

行政区	交通运输用地	其中						
		铁路用地	公路用地	街巷用地	农村道路	机场用地	港口码头用地	管道运输用地
罗湖区	9.37	0.89	2.90	5.34	0.24	0.00	0.00	0.00
南山区	32.51	1.65	5.57	20.03	0.39	0.23	4.61	0.03
盐田区	11.01	0.21	2.63	3.18	0.28	0.00	4.71	0.00
宝安区	64.55	0.57	10.53	36.45	1.72	12.32	2.95	0.01
龙岗区	49.72	3.90	14.81	29.85	1.07	0.00	0.00	0.09
光明区	18.12	0.51	4.32	11.13	2.13	0.00	0.00	0.03
坪山区	14.21	0.33	3.16	9.81	0.87	0.00	0.00	0.04
龙华区	23.07	1.72	5.83	14.79	0.72	0.01	0.00	0.04
大鹏新区	7.63	0.00	3.47	3.20	0.75	0.00	0.17	0.04

4.11 水域及水利设施用地

水域及水利设施用地指陆地水域、海涂、沟渠、水工建筑物等用地,不包括滞洪区和已垦滩涂中的耕地、园地、林地、居民点、道路等用地。

4.11.1 水域及水利设施用地的面积与构成

水域及水利设施用地包括河流水面、湖泊水面、水库水面、坑塘水面、沿海滩涂、内陆滩涂、沟渠、水工建筑用地、冰川及永久积雪 9 类。根据《土地利用现状分类》,水利设施用地中的水库水面和水工建筑用地属于建设用地,其余用地属于未利用地和农用地。本书将水库水面和水工建筑用地统称为水利设施用地,其余用地统称为水域。

深圳市水域及水利设施用地总面积 157.42 km²,占全市土地总面积的 7.88%。从类型上看,深圳市没有湖泊水面和冰川及永久积雪用地,除此之外,其他各类水域及水利设施用地均有分布。

从各地类的数量来看,坑塘水面所占面积最大,为 41.79 km²,占全市水域总面积的 40.03%;沿海滩涂面积次之,为 38.98 km²,占全市水域总面积的 37.34%;水库水面面积 35.36 km²,占全市水域总面积的 22.46%;河流水面面积 17.95 km²,占全市水域总面积的 17.20%;水工建筑用地面积 11.24 km²,占全市水域总面积的 7.14%;内陆滩涂面积 7.56 km²,占全市水域总面积的 7.24%;沟渠面积 4.54 km²,占全市水域总面积的 4.35%。

4.11.2 水域及水利设施用地的总体分布

深圳市水域及水利设施用地呈现西多东少的的分布特点。水域及水利设施的分布中，宝安区的面积最大，为 60.84 km²，占全市水域及水利设施用地总面积的 38.65%，占到了该区总面积的 15.34%，所占比例较大，该区珠江口沿岸有较多沿海滩涂及近海鱼塘分布；南山区和龙岗区次之，分别为 11.80% 和 11.05%。盐田区的水域及水利设施用地面积最小，仅为 3.03 km²，占全市总量的 1.93%。如表 4.17 所示。

表 4.17 深圳市水域及水利设施用地分布情况

行政区	辖区面积/km²	水域及水利设施用地面积/km²	占辖区面积比例/%	占地类面积比例/%
深圳市	1 997.27	157.42	7.88	100.00
福田区	78.66	7.82	9.94	4.97
罗湖区	78.75	5.78	7.34	3.67
南山区	187.47	18.58	9.91	11.80
盐田区	74.91	3.03	4.04	1.93
宝安区	396.61	60.84	15.34	38.65
龙岗区	388.22	17.40	4.48	11.05
光明区	155.44	10.66	6.86	6.77
坪山区	166.31	10.10	6.07	6.42
龙华区	175.58	7.18	4.09	4.56
大鹏新区	295.32	16.03	5.43	10.18

深圳市水利设施用地总量为 46.60 km²，其中水库水面 35.36 km²，水工建筑用地面积 11.24 km²。水利设施用地主要分布在宝安区，其次在龙岗区。宝安区水库水面面积和水工建筑面积均在全市位居首位，分别占全市总量的 32.47%、39.59%。盐田区和福田区水利设施用地面积最少，两者水利设施用地总面积仅约 1 km²，占比不足全市总量的 3%。如表 4.18 和图 4.12 所示。

表 4.18 深圳市水库水面及水工建筑用地分布情况 （单位：km²）

行政区	辖区面积	水库水面面积	水工建筑用地面积	水利设施用地面积
深圳市	1997.27	35.36	11.24	46.60
福田区	78.66	0.80	0.33	1.13
罗湖区	78.75	3.52	0.52	4.04
南山区	187.47	3.21	0.71	3.92
盐田区	74.91	0.72	0.32	1.04

续表

行政区	辖区面积	水库水面面积	水工建筑用地面积	水利设施用地面积
宝安区	396.61	11.48	4.45	15.93
龙岗区	388.22	5.89	2.31	8.20
光明区	155.44	1.49	0.88	2.37
坪山区	166.31	4.20	0.48	4.68
龙华区	175.58	1.53	0.82	2.35
大鹏新区	295.32	2.52	0.42	2.94

图 4.12　深圳市水利设施用地现状分布图

　　深圳市水域主要集中分布在沿海区域,宝安区面积最大,为 44.91 km²,占全市水域总面积的 40.53%,占到了该区总面积的 11.32%,其次是南山区和大鹏新区,分别为 13.23% 和 11.8%。盐田区的水域面积最小,仅为 2.04 km²,占全市总面积的 1.95%;龙华区所拥有的面积也较少,仅为 3.89 km²,占全市总量的 2.22%。如表 4.19 和图 4.13 所示。

表 4.19　深圳市水域分布情况

行政区	辖区面积/km²	水域面积/km²	占辖区面积比例/%	占地类面积比例/%
深圳市	1 997.27	110.82	5.55	100.00
福田区	78.66	6.69	8.50	6.04
罗湖区	78.75	1.74	2.21	1.57

续表

行政区	辖区面积/km²	水域面积/km²	占辖区面积比例/%	占地类面积比例/%
南山区	187.47	14.66	7.82	13.23
盐田区	74.91	1.99	2.66	1.80
宝安区	396.61	44.91	11.32	40.53
龙岗区	388.22	9.20	2.37	8.30
光明区	155.44	8.29	5.33	7.48
坪山区	166.31	5.42	3.26	4.89
龙华区	175.58	4.83	2.75	4.36
大鹏新区	295.32	13.09	4.43	11.80

图 4.13　深圳市水域现状分布图

4.11.3　水域及水利设施用地的类型分布

1. 河流水面

河流水面指天然形成或人工开挖河流常水位岸线之间的水面,不包括被堤坝拦截后形成的水库水面。深圳市共有大小河流 310 余条,其中流域面积大于 $100\ km^2$ 的河流有 5 条,即深圳河、观澜河、茅洲河、龙岗河和坪山河。从地域分布上来看,以海岸山脉和羊台山为主要分水岭,西部和西南地区诸河流,流入珠江口伶仃洋,主要河流有深圳河、大沙河、西乡河和茅洲河。东北部河流，发源于海岸山脉北麓，由中部往北或东北流，流入东江中、下游，主要河流有龙岗河、坪山河和观澜河。粤东沿海水系河流发源于海岸山脉南麓，流入大鹏湾和大亚湾，主要河流有盐田河、葵涌河、王母河、东涌河等。

2. 水库水面

水库水面指人工拦截汇集而成的总库容≥$10×10^4 \, m^3$ 的水库正常蓄水位岸线所围成的水面。深圳市共有中小水库 172 余座，其中库容超 $1\,000×10^4 \, m^3$ 的中型水库 10 座，小型水库 162 座，山塘 396 宗，总库容 $5.85×10^8 \, m^3$，每年可提供原水 $3.5×10^8 \, m^3$。从分布上来看，水库水面主要集中于宝安区和龙岗区，分别占全市水库水面面积的 32.47% 和 16.66%。

3. 坑塘水面

坑塘水面指人工开挖或天然形成的蓄水量<$10×10^4 \, m^3$ 的坑塘常水位岸线所围成的水面。坑塘水面是深圳市水域及水利设施用地中面积最大的地类。从分布上来看，坑塘水面主要分布在宝安区，占到全市坑塘水面总面积的 37.41%。

4. 沿海滩涂

沿海滩涂指沿海大潮高潮位与低潮位之间的潮浸地带，包括海岛的沿海滩涂，不包括已利用的滩涂。深圳市沿海滩涂在深圳市西部宝安区沙井镇的西海岸、珠江口伶仃洋的东岸，南山粤海街道至福田区沙河街道的深圳湾海岸沿线，以及小铲岛的岸线周边有较集中的分布，在深圳东部龙岗区濒临大亚湾的海岸地带也有少量分布。从行政区域分布上来看，深圳市沿海滩涂主要集中在宝安区、南山区、大鹏新区和福田区。

5. 内陆滩涂

内陆滩涂指河流、湖泊常水位至洪水位间的滩地，时令湖、河洪水位以下的滩地，水库、坑塘的正常蓄水位与洪水位间的滩地，包括海岛的内陆滩地，不包括已利用的滩地。深圳市内陆滩涂总体较少，仅在宝安区和龙华区有较多分布。

6. 沟渠

沟渠指人工修建，南方宽度≥1.0 m、北方宽度≥2.0 m，用于引、排、灌的渠道，包括渠槽、渠堤、取土坑、护堤林。深圳市沟渠面积 $4.54 \, km^2$，仅占全市水域及水利设施用地总面积的 2.88%，主要分布在光明区和宝安区。

7. 水工建筑用地

水工建筑用地指人工修建的闸、坝、堤路林、水电厂房、扬水站等常水位岸线以上的建筑物用地。深圳市水工建筑用地面积 $11.24 \, km^2$，在宝安区和龙岗区分布较多，面积分别为 $4.45 \, km^2$ 和 $2.31 \, km^2$，分别占全市水工建筑用地总面积的 39.59% 和 20.55%。

4.12　其 他 土 地

其他土地指上述地类以外的其他类型的土地,在土地利用调查中主要包括空闲地、设施农用地、田坎、盐碱地、沼泽地、沙地和裸地。

4.12.1　其他土地的面积与构成

深圳市其他土地总面积为 97.41 km²,占全市土地总面积的 4.88%。深圳市其他土地利用结构较为简单,仅有空闲地、设施农用地、田坎和裸地 4 种类型,盐碱地、沼泽地和沙地在深圳市均无分布。其中,设施农用地 9.37 km²,占深圳市其他土地总面积的 9.62%;田坎 0.94 km²,占 0.96%;裸地 42.24 km²,占 43.36%;空闲地 44.87 km²,占 46.06%。

4.12.2　其他土地的总体分布

从行政区域分布来看,龙岗区其他土地面积最大,共计 20.96 km²,占全市其他土地面积的 21.52%;其次为宝安区和南山区,面积分别为 17.70 km² 和 12.91 km²,分别占全市其他土地面积的 18.17% 和 13.25%;光明区和坪山区的其他土地数量也较多,均在 10% 以上;原特区内其他三个区其他土地较少,盐田区为 2.22 km²,占 2.28%;福田区为 1.66 km²,占 1.70%;罗湖区最少,为 1.19 km²,仅占 1.22%。如图 4.14 和表 4.20 所示。

图 4.14　深圳市其他土地现状分布图

表 4.20　深圳市其他土地分布情况

行政区	辖区面积/km²	其他土地面积/km²	占辖区面积比例/%	占地类面积比例/%
深圳市	1 997.27	97.41	4.88	100.00
福田区	78.66	1.66	2.11	1.70
罗湖区	78.75	1.19	1.51	1.22
南山区	187.47	12.91	6.89	13.25
盐田区	74.91	2.22	2.96	2.28
宝安区	396.61	17.70	4.46	18.17
龙岗区	388.22	20.96	5.40	21.52
光明区	155.44	11.29	7.26	11.59
坪山区	166.31	11.04	6.64	11.34
龙华区	175.58	9.60	5.47	9.86
大鹏新区	295.32	8.84	2.99	9.07

4.12.3　其他土地的类型分布

1. 空闲地

全市空闲地总面积为 44.87 km²，其在龙岗区和南山区的面积最大，分别为 11.50 km² 和 10.15 km²，分别占空闲地总面积的 25.63% 和 22.62%；宝安区也有较多分布，占空闲地总面积的 17.44%；罗湖区的面积最小，仅为 0.75 km²，占比 1.67%。

2. 设施农用地

设施农用地指直接用于经营性养殖的畜禽舍、工厂化作物栽培或水产养殖的生产设施用地及其相应附属用地。全市设施农用地总面积 9.37 km²，其在大鹏新区和光明区的面积最大，分别为 3.89 km² 和 2.70 km²，分别占 41.51% 和 28.82%；另外在坪山区也有较多分布，为 1.45 km²，占 15.47%；原特区内的福田区和盐田区几乎没有设施农用地分布。

3. 田坎

深圳市的田坎用地面积是由耕地面积结合田坎系数计算得来。全市田坎用地面积为 0.94 km²，主要在龙岗区和宝安区分布较多。

4. 裸地

裸地指表层为土质，基本无植被覆盖的土地；或表层为岩石、石砾，其覆盖面积≥70% 的土地。裸地是深圳市其他用地中面积最大的类型。深圳市裸地主要集中在宝安区和龙岗区，宝安区裸地面积在各区中最大，为 9.53 km²，占全市裸地面积的 22.56%；龙岗区裸地面积为 8.31 km²，占 19.69%；另外在龙华区、光明区和坪山区也有较多裸地分布；福田区和罗湖区的裸地面积最小，分别占 0.46% 和 0.84%。

第 5 章

深圳市土地利用分析与评价

关于土地利用的分析和评价可采用多种维度、多种方法进行。本章根据深圳土地利用的特点，从土地利用现状结构特征、土地利用结构演变、建设用地利用强度、耕地资源利用 4 个方面进行分析和评价，并将深圳土地利用与国内外相关城市进行比较分析。

5.1 土地利用现状结构特征分析

深圳市到目前已经形成了相对稳定的用地结构与土地利用体系。截至 2015 年年底，深圳市的土地包括建设用地 975.5 km^2，农用地 890.12 km^2，以及未利用地 131.65 km^2，分别占全市土地总面积的 48.84%、44.57% 和 6.59%。

在 975.5 km^2 的建设用地中，城市用地面积达到 813.55 km^2，占全市土地总面积的 40.73%。其中，城市建设用地面积统计中包含了商服、居住、工矿企业、公共管理与公共服务及其他类型的用地。深圳市的农用地主要由各类园地与林地构成，890.12 km^2 的农用地中，耕地仅有 39.77 km^2，仅占深圳市土地总面积的 1.99%，园地与林地面积分别为 207.56 km^2 与 577.87 km^2。深圳市各类用地面积、比例及分布如表 5.1 所示。

表 5.1 深圳市各类用地面积

类别	面积/km^2	比例/%
农用地	**890.12**	**44.57**
01 耕地	39.77	1.99
011 水田	0.07	0.004
012 水浇地	38.29	1.92
013 旱地	1.41	0.07
02 园地	207.56	10.39
021 果园	204.29	10.23
022 茶园	0.15	0.01
023 其他茶园	3.12	0.15
03 林地	577.87	28.93
031 有林地	464.93	23.28
032 灌木林地	39.71	1.99
033 其他林地	73.23	3.66
04 草地	0.07	0.003
041 天然牧草地	0.01	0.001
042 人工牧草地	0.06	0.003
10 交通用地	8.21	0.41
104 农村道路	8.21	0.41
11 水域及水利设施用地	46.33	2.32
114 坑塘水面	41.79	2.09
117 沟渠	4.54	0.23
12 其他土地	10.31	0.52

续表

类别	面积/km²	比例/%
122 设施农用地	9.37	0.47
123 田坎	0.94	0.05
建设用地	**975.5**	**48.84**
20 城镇村及工矿用地	836.81	41.90
201 城市	813.55	40.73
203 村庄	0.02	0.001
204 采矿用地	9.29	0.47
205 风景名胜及特殊用地	13.95	0.70
10 交通运输用地	92.09	4.61
101 铁路用地	10.23	0.51
102 公路用地	56.54	2.83
105 机场用地	12.56	0.63
106 港口码头用地	12.52	0.63
107 管道运输用地	0.24	0.01
11 水域及水利设施用地	46.60	2.33
113 水库水面	35.36	1.77
118 水工建筑用地	11.24	0.56
未利用地	**131.65**	**6.59**
04 草地	24.93	1.25
043 其他草地	24.93	1.25
11 水域水面	64.49	3.23
111 河流水面	17.95	0.90
115 沿海滩涂	38.98	1.95
116 内陆滩涂	7.56	0.38
12 其他土地	42.23	2.11
127 裸地	42.23	2.11
总计	**1 997.27**	**100.00**

5.1.1　建设用地

1. 建设用地的现状结构

截至 2015 年年底,建设用地总面积 975.5 km²,占全市总面积的 48.84%。建设用地类型以城镇村及工矿用地为主,占到了全市建设用地总量的 85.78%,其他建设用地总面积为 138.69 km²,占建设用地总面积的 14.22%。建设用地在深圳用地结构如表 5.2 所示。

表 5.2　深圳市建设用地结构

名称	面积/km²	比例/%
建设用地	975.50	48.84
20　城镇村及工矿用地	836.81	41.90
201　城市	813.55	40.73
203　村庄	0.02	0.00
204　采矿用地	9.29	0.47
205　风景名胜及特殊用地	13.95	0.70
10　交通运输用地	92.09	4.61
101　铁路用地	10.23	0.51
102　公路用地	56.54	2.83
105　机场用地	12.56	0.63
106　港口码头用地	12.52	0.63
107　管道运输用地	0.24	0.01
11　水域及水利设施用地	46.60	2.33
113　水库水面	35.36	1.77
118　水工建筑用地	11.24	0.56

2. 区域分布

宝安区和龙岗区建设用地面积最多,分别为 236.06 km² 和 224.51 km²,占全市建设用地总面积比例分别为 24.20% 和 23.02%,其次为龙华区和南山区,分别为 11.62% 和 11.56%,其他各区(新区)分布较少,其中最少的盐田区和大鹏新区仅为 25.94 km² 和 36.22 km²,仅占全市的 2.66% 和 3.71%。

从各辖区内部建设用地占比来看,以福田区和龙华区最高,占该区总面积的 69.11% 和 64.23%,其余各分区较为平均,以大鹏新区为最低,仅占该区总面积的 12.26%。如表 5.3 所示。

表 5.3　深圳市建设用地分布情况

行政区	辖区面积/km²	建设用地面积/km²	占辖区面积比例/%	占地类面积比例/%
深圳市	1 997.27	975.5	48.84	100.00
福田区	78.66	54.36	69.11	5.57
罗湖区	78.75	38.34	48.69	3.93
南山区	187.47	113.38	60.48	11.62
盐田区	74.91	25.94	34.63	2.66
宝安区	396.61	236.06	59.52	24.20
龙岗区	388.22	224.51	57.83	23.02
光明区	155.44	67.49	43.42	6.92

续表

行政区	辖区面积/km²	建设用地面积/km²	占辖区面积比例/%	占地类面积比例/%
坪山区	166.31	66.43	39.94	6.81
龙华区	175.58	112.77	64.23	11.56
大鹏新区	295.32	36.22	12.26	3.71

3. 空间分布特征

1）建设用地结构有待优化

深圳市建设用地中，工矿仓储用地占建设用地总面积最多，占比约 32%，而商业服务类用地只占了建设用地总面积的约 3.3%。2015 年，深圳市第二和第三产业增加值占深圳市生产总值的比重分别为 41.2%和 58.8%。深圳市商服类用地所占建设用地比重与国际发达城市，如伦敦、首尔等相比较低，作为一个第三产业比较发达的城市，深圳市的建设用地整体处于结构优化调整过程中。

2）空间组织差异明显，原特区内次序分明、原特区外零散混乱

深圳市经历了较长期的二元发展。这种发展模式导致了原特区内外在城市建设发展上的结构性差异，尤其是空间组织的差异。比如，原特区内（盐田区、罗湖区、福田区与南山区四个区）目前已经基本建成现代化城区，功能完善，层次分明，联系紧密，集约高效。而原特区外仍未能形成有效的中心体系，空间组织呈现"小集中、大分散"的特点，生产性功能空间和生活性功能空间混杂交织，土地集约利用程度较低，特别是工业用地呈现出零散、无序、低效的空间分布状态。

5.1.2　农用地和未利用地

1. 农用地的现状结构

深圳市农用地主要是以林地为主，面积为 577.86 km²，占农用地总量 64.92%；其次为园地，面积为 207.56 km²，占农用地总量 23.32%；其他各类用地均较少，耕地在农用地中所占比例为 4.47%，最少的草地仅为 0.01%。深圳市农用地现状结构如表 5.4 所示。

表 5.4　深圳市农用地结构

名称	面积/km²	比例/%
农用地	890.12	100.00
01 耕地	39.77	4.47
02 园地	207.56	23.32
03 林地	577.86	64.92
04 草地	0.06	0.01
10 交通用地	8.21	0.92

续表

名称	面积/km²	比例/%
11 水域及水利设施用地	46.33	5.20
12 其他土地	10.31	1.16

2．农用地的空间分布

深圳市的林地、园地主要分布于山地和丘陵地的地域范围,在地势平缓的盆地及谷地河流流域有较集中的耕地农田分布。大鹏新区农用地面积最大,为 245.25 km²,占全市农用地总面积的 27.55%,其次为龙岗区和宝安区,分别为 16.66% 和 13.04%,其他各区分布较少,其中最少的福田区仅为 18.30 km²,仅占全市的 2.06%。深圳市农用地现状空间分布情况如表 5.5 所示。

表 5.5　深圳市农用地分布情况

行政区	辖区面积/km²	农用地面积/km²	占辖区面积比例/%	占地类面积比例/%
深圳市	1 997.27	890.12	44.57	100.00
福田区	78.66	18.31	23.27	2.06
罗湖区	78.75	39.15	49.71	4.40
南山区	187.47	59.76	31.88	6.71
盐田区	74.91	46.47	62.03	5.22
宝安区	396.61	116.09	29.27	13.04
龙岗区	388.22	148.28	38.20	16.66
光明区	155.44	78.29	50.37	8.80
坪山区	166.31	88.54	53.24	9.95
龙华区	175.58	49.98	28.47	5.62
大鹏新区	295.32	245.25	83.05	27.55

3．未利用地的现状结构

深圳市未利用地以沿海滩涂为主的水域及水利设施用地为主要类型,占到了深圳市未利用地总量的 48.99%,以裸地为主的其他土地所占比例也较大,为 32.08%,以荒草地为主的其他草地仅为 18.93%。如表 5.6 所示。

表 5.6　深圳市未利用地结构

名称	面积/km²	比例/%
未利用地	131.65	100.00
04 草地	24.93	18.93
11 水域及水利设施用地	64.49	48.99
12 其他土地	42.23	32.08

4.　未利用地的空间分布

未利用地因其构成较多,在区域分布上无明显特点,仅在宝安区的珠江口滨海地带、近海岛屿和南山区的前海和深圳湾沿岸有较大面积的沿海滩涂集中分布,这也是深圳市未利用地的主要用地类型。未利用地以宝安区为最多,为 44.47 km²,占全市未利用地总面积的 33.78%,其他各区(新区)分布较少,其中最少的罗湖区和盐田区仅为 1.27 km² 和 2.50 km²,仅占全市的 0.96% 和 1.90%。

从各辖区(新区)内比例来看,宝安区的未利用土地分布比例最高,占该区总面积的 11.21%,其余各区(新区)的比例较低,其中,罗湖区未利用地所占比例仅为该区总面积的 1.61%。如表 5.7 所示。

表 5.7　深圳市未利用地分布情况

行政区	辖区面积/km²	未利用地面积/km²	占辖区面积比例/%	占地类面积比例/%
深圳市	1 997.27	131.65	6.59	100.00
福田区	78.66	5.99	7.62	4.55
罗湖区	78.75	1.27	1.61	0.96
南山区	187.47	14.32	7.64	10.88
盐田区	74.91	2.50	3.34	1.90
宝安区	396.61	44.47	11.21	33.78
龙岗区	388.22	15.43	3.97	11.72
光明区	155.44	9.66	6.21	7.34
坪山区	166.31	11.33	6.82	8.61
龙华区	175.58	12.83	7.31	9.74
大鹏新区	295.32	13.85	4.69	10.52

5.2　土地利用结构演变分析

自 1979 年深圳经济特区成立以来,深圳市土地利用结构的变化主要表现为建设用地迅速增加,农业用地、未利用地持续减少。历年土地分类面积如表 5.8 所示。

表 5.8　深圳土地利用分类面积变化情况表

年份	辖区面积/km²	农用地		建设用地		未利用地	
		面积/km²	比例/%	面积/km²	比例/%	面积/km²	比例/%
1995	1 948.69	1 010.68	51.86	532.43	27.32	405.58	20.81
1996	1 948.69	1 002.99	51.47	546.54	28.05	399.16	20.48
1997	1 948.69	1 000.09	51.32	552.38	28.35	396.22	20.33
1998	1 948.69	992.45	50.93	562.57	28.87	393.67	20.20

年份	辖区面积/km²	农用地		建设用地		未利用地	
		面积/km²	比例/%	面积/km²	比例/%	面积/km²	比例/%
1999	—	—				—	
2000	1 952.84	984.77	50.43	620.09	31.75	347.98	17.82
2001	1 952.84	960.71	49.20	662.09	33.90	330.04	16.90
2002	1 952.84	1 081.62	55.39	748.98	38.35	122.24	6.26
2003	1 952.84	1 024.42	52.46	814.31	41.70	114.11	5.84
2004	1 952.84	999.90	51.20	839.03	42.96	113.91	5.83
2005	—	—	—	—	—	—	—
2006	1 952.84	964.15	49.37	891.83	45.67	96.86	4.96
2007	1 952.84	939.91	48.13	919.96	47.11	92.97	4.76
2008	1 952.84	929.67	47.61	931.52	47.70	91.65	4.69
2009	1 991.64	929.88	46.69	893.85	44.88	167.91	8.43
2010	1 991.64	916.13	46.00	917.75	46.08	157.76	7.92
2011	1 996.78	910.63	45.60	927.49	46.45	158.66	7.95
2012	1 996.78	908.23	45.48	941.67	47.16	146.88	7.36
2013	1 996.78	900.49	45.10	957.33	47.94	138.96	6.96
2014	1 996.78	894.09	44.78	968.31	48.49	134.38	6.73
2015	1 997.27	890.12	44.57	975.50	48.84	131.65	6.59

注：1995～2001 年，土地利用分类标准采用《土地利用现状分类及含义》（1984 年标准）；2002～2008 年，采用《全国土地分类（试行）》（国土资发〔2001〕255 号）；2009 年以后，采用《土地利用现状分类》（GB/T 21010-2007）。2009 年，深圳市全面重新开展第二次土地调查工作，提高了调查精度和准确度。1999 年、2005 年未开展相关调查。小计数字的和可能不等于总计数字，是因为有些数据进行过舍入修约

5.2.1 建设用地演变

自 1979 年深圳经济特区成立以来，深圳市建设用地规模总体增长迅速，从 1979 年 3 km² 增加到 2015 年年底的 975.5 km²，年均建设用地增长近 30 km²，呈现快速扩张和加速增长趋势。如图 5.1 所示。

1979～2015 年深圳市的建设用地增长趋势可化为四个阶段。1979～1994 年属于扩张初期，深圳市建设用地以年均约 17 km² 的速度增长。1994～2000 年属于快速扩张期，全市建设用地年均增长约 34 km²。在这两段时期内的建设用地扩张主要发生在深圳市原经济特区范围内。2000～2005 年属于高速稳定发展时期，这一时期，深圳市全市建设用地年均增长约 47 km²。同时这一时期也是深圳市经济特区范围外地区的快速发展时期，数据显示这五年中，经济特区范围内建设用地面积年均增加 10 km²，而特区外的宝安区年均增加 21 km²，龙岗区年均增加 16 km²。至 2005 年，深圳市的建设用地规模已经达到

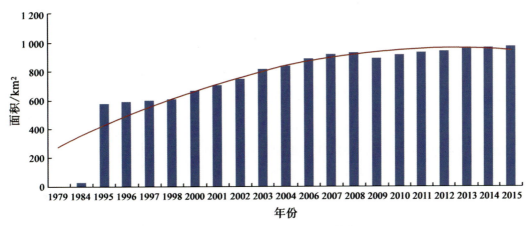

图 5.1　深圳市建设用地面积变化趋势图

891.83 km²，占总面积约 46%，此后，深圳市建设用地的扩张速度放缓，逐步进入城市二次开发的阶段。2015 年全年建设用地净增加仅为 7.19 km²。当前深圳市剩余可供开发建设的用地规模有限，难以支撑过往的粗放式扩张，城市的可持续发展面临严峻挑战。在这种情况下，深圳市在全国最早提出了以"存量土地二次开发"为主的城市土地开发建设模式，提出城市土地"深度开发"的理念，一方面积极探索城市内部用地挖潜的方式和途径，另一方面开始积极推进对地下空间的有效利用。建设用地变化情况如表 5.9 所示。

表 5.9　深圳建设用地面积变化情况表

年份	辖区面积 /km²	建设用地				
		居民点 工矿/km²	交通运输 用地/km²	水利设施 用地/km²	小计	
					面积/km²	占市域面积 比例/%
1995	1 948.69	494.86	37.57	—	532.43	26.81
1996	1 948.69	499.74	46.80	—	546.54	28.05
1997	1 948.69	505.57	46.81	—	552.38	28.35
1998	1 948.69	515.57	47.00	—	562.57	28.87
1999	—	—	—	—	—	—
2000	1 952.84	559.32	60.77	—	620.09	31.75
2001	1 952.84	597.88	64.21	—	662.09	33.90
2002	1 952.84	615.10	73.70	60.18	748.98	38.35
2003	1 952.84	679.35	74.84	60.12	814.31	41.70
2004	1 952.84	700.79	77.80	60.44	839.03	42.96
2005	—	—	—	—	—	—
2006	1 952.84	743.07	89.03	59.73	891.83	45.67
2007	1 952.84	762.02	98.34	59.60	919.96	47.11

| 年份 | 辖区面积 /km² | 建设用地 | | | | |
| | | 居民点 工矿/km² | 交通运输 用地/km² | 水利设施 用地/km² | 小计 | |
					面积/km²	占市域面积 比例/%
2008	1 952.84	769.85	102.21	59.46	931.52	47.70
2009	1 991.64	763.63	80.65	49.57	893.85	44.88
2010	1 991.64	783.41	84.96	49.36	917.73	46.08
2011	1 996.78	795.79	87.18	44.52	927.49	46.45
2012	1 996.78	804.25	91.85	45.57	941.67	47.16
2013	1 996.78	820.46	91.27	45.60	957.33	47.94
2014	1 996.78	830.46	91.61	46.24	968.31	48.49
2015	1 997.27	836.81	92.09	46.60	975.50	48.84

5.2.2　农用地和未利用地演变

伴随着城市建设用地的不断扩张,深圳市不可避免地经历了农用地面积的缩减。自1995 年以来,深圳市农用地规模从 1 010.68 km² 减少到 2015 年年底的 890.11 km²,20 年内年均减少超过 6 km²。值得注意的是,2002 年农用地面积大幅度增加的主要原因是分类标准变化,其他农业用地划入农用地分类。如按照 2002 年之前的分类标准,深圳市农用地面积仍然下降。2013 年耕地面积明显增加。其主要增加的原因是深圳市实施的基本农田改造工程所取得的成效。如表 5.10 所示。

表 5.10　深圳农用地面积变化情况表

| 年份 | 辖区面积 /km² | 农用地 | | | | | | |
| | | 耕地 /km² | 园地 /km² | 林地 /km² | 牧草地 /km² | 其他农 用地 /km² | 小计 | |
							面积/km²	占市域面积 比例/%
1995	1 948.69	65.32	221.36	720.09	3.91	—	1 010.68	51.86
1996	1 948.69	64.65	219.14	715.29	3.91	—	1 002.99	51.47
1997	1 948.69	64.43	218.53	713.22	3.91	—	1 000.09	51.32
1998	1 948.69	64.16	217.48	706.92	3.89	—	992.45	50.93
1999	—	—	—	—	—	—	—	—
2000	1 952.84	63.72	275.61	644.78	0.66	—	984.77	50.43
2001	1 952.84	61.47	281.57	615.76	1.91	—	960.71	49.20
2002	1 952.84	60.14	302.62	605.10	0.74	113.02	1 081.62	55.39

年份	辖区面积 /km²	农用地						
		耕地 /km²	园地 /km²	林地 /km²	牧草地 /km²	其他农用地 /km²	小计 面积/km²	小计 占市域面积比例/%
2003	1 952.84	46.94	290.25	595.03	0.51	91.69	1 024.42	52.46
2004	1 952.84	45.22	277.90	590.04	0.48	86.26	999.90	51.20
2005	—	—	—	—	—	—	—	—
2006	1 952.84	40.89	264.21	582.03	1.39	75.64	964.16	49.37
2007	1 952.84	38.47	254.23	573.44	1.35	72.42	939.91	48.13
2008	1 952.84	38.16	249.91	569.87	1.32	70.41	929.67	47.61
2009	1 991.64	31.60	236.50	585.78	0.18	75.82	929.88	46.69
2010	1 991.64	30.57	231.82	579.74	0.18	73.82	916.13	46.00
2011	1 996.78	30.22	227.30	579.87	0.18	73.05	910.62	45.60
2012	1 996.78	30.19	224.98	582.28	0.18	70.60	908.23	45.48
2013	1 996.78	40.96	210.64	582.15	0.12	66.62	900.49	45.10
2014	1 996.78	40.45	208.89	578.90	0.07	65.78	894.09	44.78
2015	1 997.27	39.77	207.56	577.87	0.07	64.85	890.12	44.57

另一方面，深圳市的未利用地规模也从 1995 年的 405.58 km² 锐减到 2015 年年底的 131.65 km²，20 年内减少了 67.54%，年均减少 13.40 km²。

与农用地的统计调查一样，土地利用现状调查对未利用土地的统计方式经过了数次大幅度调整，最近一次从 2009～2015 年，未利用土地总面积减少 36.26 km²，平均每年减少 5.18 km²。未利用土地面积的退化，一方面显示深圳市可继续支撑城市扩张的土地面积在不断减少，另一方面也在一定程度上反映了深圳市生态环境的退化的现状。

由此可见，深圳市在未来的城市发展和土地利用方面需要城市在生态环境保护和耕地资源保护的双重压力，土地利用效率的提高也势在必行。如表 5.11 所示。

表 5.11　深圳未利用地面积变化情况表

年份	辖区面积 /km²	未利用地			
		未利用土地 /km²	其他土地/km²	小计 面积/km²	小计 占市域面积比例/%
1995	1 948.69	166.34	239.24	405.58	20.81
1996	1 948.69	160.66	238.50	399.16	20.48
1997	1 948.69	158.65	237.57	396.22	20.33
1998	1 948.69	158.86	234.81	393.67	20.20

年份	辖区面积/km²	未利用地			
		未利用土地/km²	其他土地/km²	小计	
				面积/km²	占市域面积比例/%
1995	1 948.69	166.34	239.24	405.58	20.81
1996	1 948.69	160.66	238.50	399.16	20.48
1997	1 948.69	158.65	237.57	396.22	20.33
1998	1 948.69	158.86	234.81	393.67	20.20
1999	—	—	—	—	—
2000	1 952.84	121.94	226.05	347.99	17.82
2001	1 952.84	114.71	215.34	330.05	16.90
2002	1 952.84	73.51	48.73	122.24	6.26
2003	1 952.84	65.76	48.35	114.11	5.84
2004	1 952.84	64.68	49.23	113.91	5.83
2005	—	—	—	—	—
2006	1 952.84	49.60	47.26	96.86	4.96
2007	1 952.84	49.93	43.04	92.97	4.76
2008	1 952.84	49.02	42.63	91.65	4.69
2009	1 991.64	106.13	61.78	167.91	8.43
2010	1 991.64	96.83	60.95	157.78	7.92
2011	1 996.78	89.61	69.05	158.66	7.95
2012	1 996.78	65.32	81.56	146.87	7.36
2013	1 996.78	64.99	73.96	138.95	6.96
2014	1 996.78	64.68	69.69	134.37	6.73
2015	1 997.27	64.49	67.16	131.65	6.59

5.3 建设用地利用强度评价

5.3.1 深圳市土地开发强度

土地开发强度是指建设用地总量占行政区域面积的比例和强度,在一般情况下,土地开发强度越高,土地利用经济效益就越高,可在一定程度上反映该时段人类活动的空间差异。这里采用建设用地面积比重、城市人口密度两项指标反应深圳市土地开发强度。

1. 建设用地面积比重

土地开发强度最直观的体现是建设用地所占土地总面积的比例,通过计算建设用地面积与土地总面积的比例得到土地开发强度。

深圳市建设用地占土地总面积的比例在高位略有提升,2015 年深圳市辖区面积为 1 997.27 km²,建设用地面积为 975.5 km²,土地开发强度为 0.49。2009～2015 年深圳市建设用地面积比重的变化情况如表 5.12 和图 5.2 所示。

表 5.12 深圳建设用地面积比例变化情况表

年份	土地总面积/km²	建设用地面积/km²	土地开发强度
2009	1 991.64	893.85	0.45
2010	1 991.64	917.73	0.46
2011	1 991.64	927.49	0.47
2012	1 996.78	941.67	0.47
2013	1 996.78	957.33	0.48
2014	1 996.78	968.31	0.48
2015	1 997.27	975.50	0.49

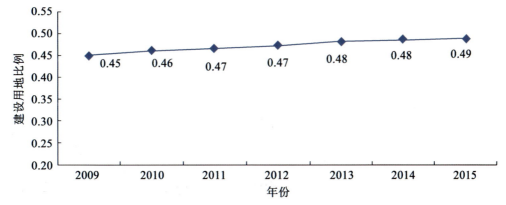

图 5.2 深圳市建设用地面积比例变化趋势示意图

由于深圳市城市建设阶段不同,不同区域开发强度出现一定程度的差异,在建设用地占比方面,原特区内与特区外的二元结构形式,原特区内土地开发强度大而原特区外土地开发强度低。

2015 年深圳市各辖区的建设用地占比呈现较大的差异,其中福田区土地开发强度最高,为 0.69;其次为龙华区、宝安区和南山区,分别为 0.64、0.60 和 0.60;而最低的大鹏新区则只有 0.12。如表 5.13 所示。

2. 人口密度

人口密度是衡量城市土地开发强度的另一个重要指标,其计算方法是计算单位面积土地承载的人口。2015 年深圳市总体常住人口密度达到 5 699 人/km²,位列全国城市之首。各区(新区)的人口密度分布并不均衡,福田区人口密度最高达到 18 314 人/km²。除

表 5.13　深圳各区建设用地比例

行政区	土地总面积/km²	建设用地面积/km²	建设用地比例/%
深圳市	1 997.27	975.5	0.49
福田区	78.66	54.36	0.69
罗湖区	78.75	38.34	0.49
南山区	187.47	113.38	0.60
盐田区	74.91	25.94	0.35
宝安区	396.61	236.06	0.60
龙岗区	388.22	224.51	0.58
光明区	155.44	67.49	0.43
坪山区	166.31	66.43	0.40
龙华区	175.58	112.77	0.64
大鹏新区	295.32	36.22	0.12

福田区外,罗湖区的平均人口密度也达到了 12 388 人/km²。龙华区、宝安区及南山区的人口密度也高于深圳市的平均水平。如图 5.3 所示。

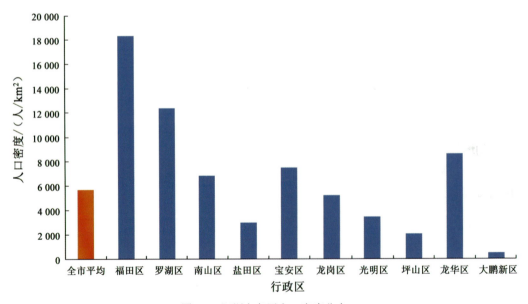

图 5.3　深圳市各区人口密度分布

5.3.2　土地产出强度分析

土地产出强度主要指在不同经济发展水平和科技水平条件下,同一土地的产出水平。本书计算单位面积产业增加值、单位工业用地产出强度以及单位面积财政收入三类指标体现深圳市土地产出强度。

1. 单位面积产业增加值

单位面积产业增加值通过计算单位城市建设用地面积上的 GDP 产值得出,显示一个区域的土地利用效率和社会经济发展水平。深圳市 2003～2015 年单位建设用地面积GDP产值如表 5.14 所示。

表 5.14　深圳市土地产出强度变化情况

年份	土地总面积/km²	建设用地面积/km²	GDP/亿元	土地产出强度/（亿元/km²）
2003	1 952.84	814.31	3 585.72	4.40
2004	1 952.84	839.03	4 282.14	5.10
2005	—	—	—	—
2006	1 952.84	891.83	5 813.56	6.52
2007	1 952.84	919.96	6 801.57	7.39
2008	1 952.84	931.52	7 786.79	8.36
2009	1 991.64	893.85	8 201.32	9.18
2010	1 991.64	917.75	9 581.51	10.44
2011	1 991.64	927.49	11 505.53	12.41
2012	1 996.78	941.67	12 950.06	13.75
2013	1 996.78	957.33	14 500.23	15.15
2014	1 996.78	968.31	16 001.98	16.53
2015	1 997.27	975.50	17 502.99	17.94

2003～2015 年深圳市土地单位面积 GDP 不断提高,产出水平在这一期间内上涨了四倍,年均增长率接近 25%。深圳市土地产出强度的快速增长,一方面得益于社会总体科学技术的进步,促进土地产出率整体提升;另一个重要方面来源于经济结构调整及产业升级的红利。如图 5.4 所示。

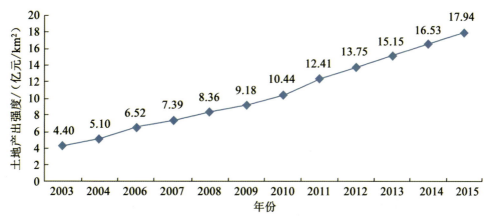

图 5.4　深圳市 2003～2015 年土地产出强度变化趋势图

2015 年深圳市平均土地产出强度为 17.94 亿元/km²。各辖区的土地产出强度也呈现较大的差异，其中福田区、罗湖区和南山区的土地产出强度最高，分别 59.90 亿元/km²、45.08 亿元/km²、32.76 亿元/km²；而坪山区土地产出强度最低，为 6.90 亿元/km²。如表 5.15 所示。

表 5.15　深圳市各区土地产出强度（2015 年）

行政区	土地总面积 /km²	建设用地面积 /km²	GDP /亿元	土地产出强度 /（亿元/ km²）
深圳市	1 997.27	975.5	17 502.99	17.94
福田区	78.66	54.36	3 256.24	59.90
罗湖区	78.75	38.34	1 728.39	45.08
南山区	187.47	113.38	3 714.57	32.76
盐田区	74.91	25.94	487.23	18.79
宝安区	396.61	236.06	2 640.92	11.19
龙岗区	388.22	224.51	2 636.79	11.74
光明区	155.44	67.49	670.66	9.94
坪山区	166.31	66.43	458.07	6.90
龙华区	175.58	112.77	1 635.59	14.50
大鹏新区	295.32	36.22	274.53	7.58

2. 工业用地开发强度

城市工业用地比例及单位工业用地产值同样体现城市的土地在工业方面的开发强度。工业用地比例通过计算辖区内工业用地占建设用地总面积的比例得到，而单位工业用地产值指辖区内单位面积工业用地产出的工业增加值，能够反映工业用地利用效益。如表 5.16 所示。

表 5.16　深圳市分区工业用地比例与单位工业用地产值（2015 年）

行政区	工业用地比例	单位工业用地产值/（亿元/km²）
全市平均	0.31	22.26
福田区	0.07	45.57
罗湖区	0.07	20.79
南山区	0.21	85.68
盐田区	0.12	19.03
宝安区	0.35	14.70
龙岗区	0.36	20.28
光明区	0.44	11.89
坪山区	0.39	10.28

续表

行政区	工业用地比例	单位工业用地产值/（亿元/km²）
龙华区	0.39	20.41
大鹏新区	0.30	14.59

根据工业用地占建设用地比例可以看出，深圳市的工业主要集中在原特区以外地区，如光明区，工业用地比例达到了 0.44。但原特区外的工业用地利用效益普遍不高。相比之下，南山区单位工业用地产值最高，达到了 85.68 亿元/km²，福田区也有 45.57 亿元/km²。

工矿仓储用地空间分布，在原特区内外呈现典型的二元化特征，反映原特区内外处于不同的产业发展阶段。原特区内基本完成了产业升级，工矿仓储用地比例远远低于原特区外。早期，深圳产业发展从"三来一补"加工制造业起家[1]。依托经济特区的政策优势，以及毗邻香港的地缘优势，深圳拉动大量港台资金，劳动密集型加工制造业蓬勃发展，工业用地遍地开花。2000 年以后，随着中国制造业的发展，"三来一补"加工制造业利润大幅下降。深圳政府通过"引进来、走出去"，大力推动产业升级，调整产业结构，原特区内率先完成了产业发展转型，工业企业大量外迁，工业用地面积大幅度下降。

以福田区为例，政府大力推进"工改商""工改工""工改文"：一是以华强北商业街为代表的"工改商"模式，将华强北从原来以电子产品生产为主的工业区发展为以销售、商务为主的中国电子第一街；二是以上沙创新科技园为代表的"工改工"模式，将原先的低端加工制造业园区改造成为聚集通信、网络等高科技研发企业的科技创新园区；三是以田面创意产业园为代表的"工改文"模式，将以汽车修配、服务生产的田面工业区改造成为集工业设计、平面设计、空间设计于一体的文化创意产业园区。

3. 单位面积用地财政收入

单位面积财政收入同样能够反映城市土地的产出强度，2015 年深圳市全市地均财政收入为 1.36 亿元/km²，而各区地均财政收入差距悬殊，并显示了原特区内高、原特区外普遍较低的情况。如表 5.17 所示，2015 年，地均财政收入最高的福田区达到了 1.81 亿元/km²，而最低的大鹏新区则只有 596 万元/km²，约为福田的三十分之一。

表 5.17　深圳市分区地均财政收入（2015 年）[2]

行政区	土地面积/km²	单位面积财政收入/（万元/km²）
全市平均	1 996.27	13 652.91
福田区	78.66	18 112.24
罗湖区	78.75	10 796.61
南山区	187.47	7 722.02

---

①"三来一补"：指来料加工、来样加工、来件装配和补偿贸易，是中国大陆在改革开放初期尝试性创立的一种企业贸易形式

②表中引用《深圳统计年鉴 2015》中市本级及各区一般公共预算财政收入数字

续表

行政区	土地面积/km²	单位面积财政收入/（万元/km²）
盐田区	74.91	4 871.33
宝安区	396.61	4 723.16
龙岗区	388.22	5 263.14
光明区	155.44	2 398.82
坪山区	166.31	1 777.79
龙华区	175.58	5 552.04
大鹏新区	295.32	595.92

5.3.3　土地集约利用程度

1. 现状容积率分析

容积率是衡量建设用地使用强度的一项重要指标。现状容积率可以反映一个区域的建设强度。现状容积率指建筑面积与建设用地面积比例。

深圳市 2009～2015 年现状容积率具体情况如图 5.5 所示。从图中可以看出，在全市层面上现状容积率呈现持续上涨的趋势。

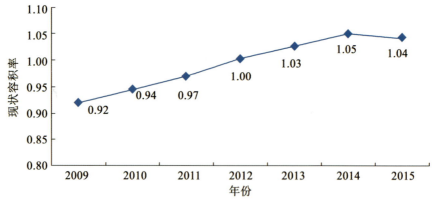

图 5.5　深圳市 2009～2015 年现状容积率变化趋势图

2015 年深圳市辖区现状容积率为 1.01。各辖区的现状容积率也呈现较大的差异，其中福田区、罗湖区和龙华区现状容积率最高，分别为 1.74、1.61 和 1.09；大鹏新区现状容积率最低，为 0.43。如表 5.18 所示。

2. 建筑密度分析

建筑密度是指建筑物的覆盖率，它可以反映一定用地范围内的空地率和建筑密集程度。建筑密度指建筑物的基底面积总和与建设用地面积的比例。深圳市 2009～2015 年建筑密度具体情况如图 5.6 所示。

表 5.18 深圳市各区现状容积率（2015 年）

行政区	土地总面积/km²	建设用地面积/km²	建筑面积/（×10⁴ m²）	现状容积率
深圳市	1 997.27	975.5	101 696.49	1.01
福田区	78.66	54.36	9 662.10	1.74
罗湖区	78.75	38.34	6 251.74	1.61
南山区	187.47	113.38	10 922.00	0.90
盐田区	74.91	25.94	1 644.81	0.62
宝安区	396.61	236.06	24 792.74	1.02
龙岗区	388.22	224.51	22 829.96	0.98
光明区	155.44	67.49	6 484.00	0.89
坪山区	166.31	66.43	4 824.79	0.71
龙华区	175.58	112.77	12 693.69	1.09
大鹏新区	295.32	36.22	1 590.66	0.43

图 5.6 深圳市 2009～2015 年建筑密度变化趋势图

2015 年深圳市辖区建筑基底面积为 21 034.44×10⁴ m²，全市建筑密度为 0.22。各辖区的建筑密度也呈现较大的差异，其中光明区、龙华区建筑密度最高，分别为 0.26 和 0.24；盐田区建筑密度最低，为 0.12。如表 5.19 所示。

表 5.19 深圳市各区建筑密度

行政区	土地总面积/km²	建设用地面积 /（×10⁴ m²）	建筑基底面积 /（×10⁴ m²）	建筑密度
深圳市	1 997.27	975.5	21 034.44	0.22
福田区	78.66	54.36	1 061.77	0.20
罗湖区	78.75	38.34	820.58	0.21
南山区	187.47	113.38	1 685.90	0.15

续表

行政区	土地总面积/km²	建设用地面积 / (×10⁴ m²)	建筑基底面积 / (×10⁴ m²)	建筑密度
盐田区	74.91	25.94	312.54	0.12
宝安区	396.61	236.06	5 479.33	0.23
龙岗区	388.22	224.51	5 193.54	0.23
光明区	155.44	67.49	1 760.64	0.26
坪山区	166.31	66.43	1 467.34	0.22
龙华区	175.58	112.77	2 702.51	0.24
大鹏新区	295.32	36.22	550.29	0.15

5.4 耕地资源利用评价

5.4.1 耕地等别评价

按原国土资源部的统一部署,广东省于 2014 年开展耕地质量等别年度更新评价工作。深圳市以广东省农用地分等工作和成果为基础,开展基于最新土地调查的耕地质量等别年度更新评价工作,对深圳市范围内的耕地质量等别进行了调查。

深圳市耕地质量等别评价的参数、系数选用自《广东省耕作制度分区表》《广东省农用地分等因素属性分级确定的说明》《广东省各县标准耕作制度表》《广东省指定作物光温/气候潜力指数表》《广东省二级区指定作物产量比系数表》《"指定作物~分等因素指标值~农用地质量分"关系表》。

深圳市位于华南珠江三角洲平原区耕地指标区,标准耕作制度是冬甘薯—早稻—晚稻。评价指标包括地形地貌水文地质、土壤基本性状、土壤管理等三个类别,共 10 项指标。

根据《广东省农用地分等参数》,广东省分为粤北山地丘陵区、粤中南丘陵山地区、潮汕平原区、珠江三角洲平原区、粤东沿海丘陵台地、雷州半岛丘陵台地、粤西南丘陵山地区 7 个二级区,分别对应不同的指标权重。其中,深圳市位于珠江三角洲平原区,具体如表 5.20 所示。

表 5.20 广东省二级区分等因素指标体系

二级耕作区	地形地貌水文地质			土壤基本性状					土壤管理	
	地形坡度	田面坡度	地下水位	有效土层厚度	表土质地	剖面构型	有机质含量	pH值	灌溉保证率	排水条件
粤北山地丘陵区	0.09	0.08	0.03	0.17	0.12	0.10	0.07	0.07	0.19	0.08
粤中南丘陵山地区	0.09	0.08	0.03	0.17	0.12	0.10	0.07	0.09	0.15	0.10
潮汕平原区	0.07	0.06	0.05	0.15	0.14	0.10	0.06	0.08	0.14	0.15

续表

| 二级耕作区 | 地形地貌水文地质 | | | 土壤基本性状 | | | | | 土壤管理 | |
	地形坡度	田面坡度	地下水位	有效土层厚度	表土质地	剖面构型	有机质含量	pH值	灌溉保证率	排水条件
珠江三角洲平原区	0.07	0.06	0.05	0.15	0.14	0.10	0.06	0.08	0.14	0.15
粤东沿海丘陵台地	0.08	0.06	0.04	0.15	0.15	0.10	0.06	0.08	0.18	0.10
雷州半岛丘陵台地	0.08	0.06	0.05	0.15	0.15	0.10	0.06	0.08	0.19	0.08
粤西南丘陵山地区	0.09	0.08	0.03	0.17	0.12	0.10	0.07	0.09	0.15	0.10

根据《广东省农用地分等参数》，深圳市早稻、晚稻、秋甘薯、冬甘薯、花生 5 种作物的光温潜力指数分别为 1 407、1 740、2 942、661、501。

在广东省 7 个二级耕作区内，水稻、甘薯、花生、油菜 4 种指定作物的产量比系数各有不同。其中，深圳市所在的珠江三角洲平原区的四种作物产量比系数分别为 1.000、0.683、1.842、3.494，具体如表 5.21 所示。

表 5.21　广东省指定作物产量比系数

二级耕作区	水稻	甘薯	花生	油菜
粤北山地丘陵区	1.000	0.661	1.997	3.249
珠江三角洲平原区	1.000	0.683	1.842	3.494
潮汕平原区	1.000	0.640	1.635	3.289
粤东沿海丘陵台地区	1.000	0.605	1.989	
粤中南丘陵地区	1.000	0.686	1.970	3.494
雷州半岛丘陵台地区	1.000	0.678	2.255	
粤西南丘陵地区	1.000	0.594	1.938	3.276

土地利用和经济的等值区系数以街道为单位划分，深圳市土地利用等值区系数包括两种取值，其中光明区、龙华区北部、龙岗区大部、坪山区和盐田区的土地利用系数为 0.670 4，其余地区的土地利用系数为 0.587。

深圳市土地经济等值区系数包括两种取值，其中光明区、宝安区沙井街道、龙华区北部、龙岗区大部、坪山区和盐田区的土地利用系数为 0.619 3，其余地区的土地利用系数为 0.554 8。如图 5.7 所示。

5.4.2　耕地数量与空间分布变化分析

1. 第一次土地详查之前的耕地数量变化

深圳市原为广东省的一个农业县，土地复垦率比较高，耕地所占比重较大。根据深圳

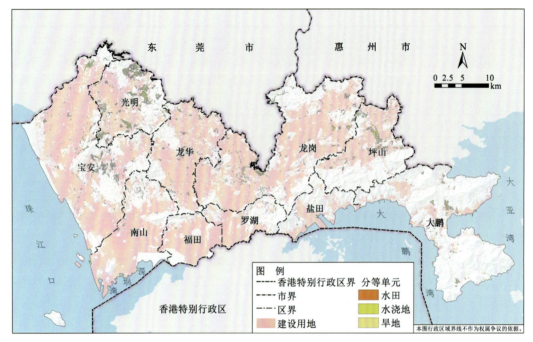

图 5.7　深圳市耕地质量等别年度更新评价分等单元图

市最早的统计数据（1979 年）记载，当时深圳市计有耕地约 354.73 km²（53.21×10⁴ 亩[①]），占全市土地总面积的 18%，按常住人口计算，平均为 1.7 亩/人。1980～1985 年，是深圳特区建设的第一个高峰期。根据统计数据，这 6 年共计减少耕地 128.47 km²，减少了 36.2%，年平均减少 21.41 km²。

1986～1991 年，特区建设速度相应放慢，耕地减少速度也相应减慢，但仍然又减少了 75.13 km²。1992 年，随着邓小平同志视察深圳，带来了特区建设的第二个高峰期，加之房地产市场的逐渐复苏，耕地的减少速度又开始加快，至土地资源详查结束的 1995 年年末，深圳耕地仅存约 65.32 km²，仅占全市土地面积的 3.34%。耕地大部分向居民点和工矿用地、交通用地转化，也有相当部分向园地和水域用地转化。也就是说深圳特区建立 16 年来，深圳市人口增加了 10 倍，而耕地却减少了 81.6%。

这一正一负，既反映了深圳城市建设的飞速发展，同时也反映了城市化进程中，对宝贵的耕地资源的保护的认识还有待提高。

2.　第一次土地详查之后的耕地数量变化

1996 以来，党中央、国务院对土地管理和耕地保护高度重视，制定了"十分珍惜和合理利用每寸土地，切实保护耕地"这一基本国策，并于 1997 年初发布《关于进一步加强土地管理切实保护耕地的通知》（中发〔1997〕11 号），决定在全国实现两个"冻结"，即冻结审批耕地一年，冻结县改市。根据中央的这一精神，深圳市切实落实了耕地保护措施。

---

①1 亩＝666.67 m²

　　至 2015 年年末,深圳市耕地总面积为 39.77 km², 相较于 1995 年年底,20 年间共计减少 25.55 km², 减少了 39.11%, 平均每年减少耕地 1.27 km²; 相较于 1979 年,33 年间共计减少 315.59 km², 减少了 88.81%, 平均每年减少耕地 9.56。可见,经过三十多年的发展,深圳市耕地面积已不到原有数量的 12。但是自耕地保护政策落实以后,耕地减少速度明显下降,且慢慢趋于平稳,2012 年起,耕地数据小幅增加。如图 5.8 所示。

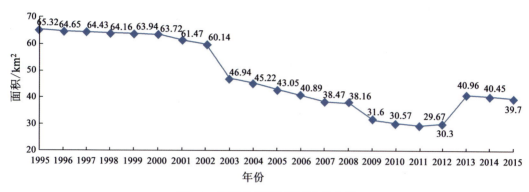

图 5.8　深圳市耕地面积变化趋势图

　　深圳市耕地总量发生锐减,主要转化为城市建设用地。耕地是建设用地扩张的主要来源之一,在城市建设用地增加的同时,耕地持续减少,而与此同时,随着城市的发展,深圳的人口却呈快速增长态势,人均耕地占有量逐年减少。耕地空间分布零散、破碎,大部分被城市用地包围,污染严重,不利于规模化、现代化耕作,也不利于耕地保护和管理。

5.4.3　耕地后备资源评价

　　根据 2014 年深圳市耕地后备资源调查评价结果,通过对 11 个指标的内、外业调查和综合评价,深圳市 2014 年耕地后备资源图斑个数增加到 10 559 个,新增切割图斑 939 个。其中,宜耕图斑 49 块,个数占比约 0.48%, 宜耕图斑总面积 0.52 km², 面积占比 0.38%。主要分布在宝安区（占比 84%）、龙岗区（占比 16%）,福田区、罗湖区、南山区和盐田区宜耕后备资源的面积为 0。

　　深圳市耕地后备资源分布较为零散,主要分布在宝安区福永街道（面积 0.000 4 km²）、公明街道（面积 0.009 6 km²）、光明街道（面积 0.053 km²）、沙井街道（面积 0.31 km²）、松岗街道（面积 0.04 km²）、西乡街道（面积 0.03 km²）、新安街道（面积 0.001 2 km²）,龙岗区的葵涌街道（面积 0.01 km²）、坪地街道（面积 0.02 km²）、坪山街道（面积 0.05 km²）。如图 5.9 所示。

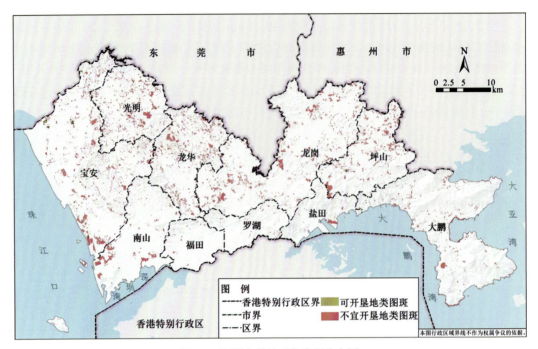

图 5.9 深圳市耕地后备资源分布图

5.5 与国内外其他城市的比较

近二十年,随着城市化进程的不断推进,城市土地粗放利用的情况逐步得到重视,土地供求关系日益紧张,提高城市土地尤其是大城市土地集约利用的要求迫在眉睫。本节从城市土地开发强度、城市密度、城市公共设施建设水平以及耕地面积变迁等 4 个方面,将深圳与国内外特大城市(北京、上海、香港以及东京)在城市土地利用方面的情况加以比较。

5.5.1 不同城市建设用地利用情况与深圳的比较[①]

城市建设用地利用情况通过土地开发强度、土地产出强度、城市发展密度以及城市公共设施建设水平 4 个方面体现。

1. 土地开发强度(建设用地面积/总面积)

土地开发强度是合理布局城市基础设施、调控人口密度、塑造良好的生活空间及环境品质、实现城市可持续发展的关键因素。在国际上,通常土地开发强度超过 30%,会被认为对人居环境造成一定影响。而深圳市当前土地开发强度已接近 50%,略低于东京,高于另外我国两个超一线城市北京(22%)与上海(46%)。如图 5.10 所示。

---

①引自:东京都统计署. 东京都统计数据 2016. http://www.toukei.metro.tokyo.jp/tnenkan/tn-eindex.htm;北京市统计年鉴;上海市统计年鉴;香港数据统计署

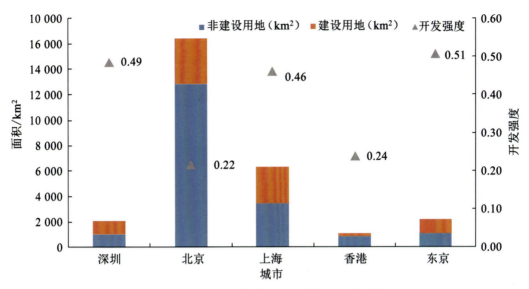

图 5.10　2015 年 5 座城市建设用地开发强度比较

深圳市可开发土地资源总量客观上少于北京和上海，是不能忽视的现实。然而，深圳市的土地开发强度同样也远高于亚洲一线城市香港（24%），香港的土地面积只有1 100 km²，但开发强度却远低于深圳，其开发建设的土地面积仅为 256 km²。为了在有限的土地上容纳大量的城市居民，香港选择了高密度开发的土地利用方式。

2. 城市发展密度

在土地开发强度高企的同时，深圳市的人口密度也领先全国。如图 5.11 所示，2015年深圳市市域人口密度为 5 397 人/ km²，高于北京（1 541 人/ km²）与上海（3 809 人/ km²）。香港和东京作为亚洲城市密度最高的几个城市之一，人口密度已高于 6 000 人/km²，而深圳市已经逼近着两个城市的水准。城市建设方面，深圳市城市建筑容积率高于北京和上海的水平，略低于东京，属于城市发展密度较高的水平。

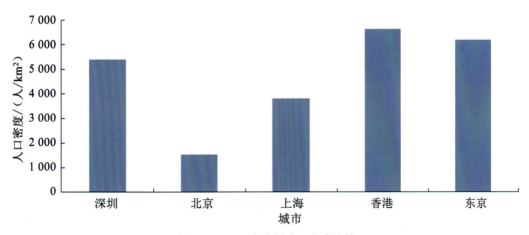

图 5.11　2015 年市域人口密度比较

3．建设用地产出强度（GDP/建设用地面积）

如图 5.12 所示，2015 年深圳市建设用地的土地产出强度为 18.04 亿元/km^2，在我国处于领先水平，高于另两个超一线城市北京（6.45 亿元/km^2）与上海（8.62 亿元/km^2），但与香港及东京的土地产出强度差距比较明显。相较于香港和东京，深圳市在提高建设用地产出率方面仍有很大的提升空间。

分析深圳、东京及香港的建设用地结构发现，深圳市的建设用地中商服类用地所占比重较低，仅为 3.3%，而东京商服类用地则占建设用地的比重达到 30%。在土地资源面积限制相对难以突破的情况下，在严守耕地红线的前提下，改善城市建设用地结构，提高生产性服务业用地所占比例，将是提高城市建设用地的土地产出的有效出路。

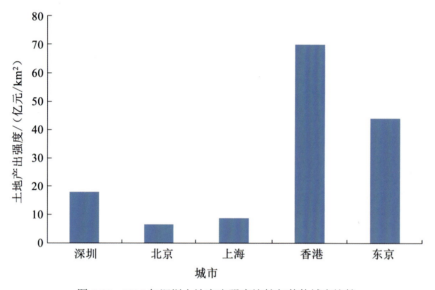

图 5.12　2015 年深圳土地产出强度比较与其他城市比较

4．城市开发建设水平（路网密度、轨道交通、绿化覆盖率）

城市土地开发强度和人口密度的不断提高，都对城市的基础设施建设水平提出了要求。从 2015 年城市路网密度、轨道交通建设密度及城市绿地覆盖率三个方面对深圳、北京、上海、香港及东京进行比较，可以了解当前深圳市的城市开发建设水平及其在亚洲超大城市中所处的地位。

公路路网密度通过用公路里程除以城市建设用地面积计算得到，本节所指公路里程包括高速路、快速路及城市各级内部道路等。如图 5.13 所示，2015 年深圳市公路路网密度为 7.1 km/km^2，与香港（7.9 km/km^2）水平接近，高于北京（6.1 km/km^2）与上海（4.5 km/km^2）。5 座城市中，仍然是东京位居首位，11.1 km/km^2 的公路路网密度与其他城市拉开了一定距离。

除了公路交通，轨道交通在现代城市发展中起着举足轻重的作用，也被视为衡量城市建设水平的一个重要因素。2015 年深圳市的轨道交通总量达到 232 km，密度为

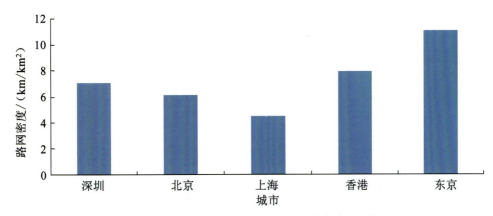

图 5.13　2015 年深圳路网建设密度与其他城市比较

28.74 km/×10^2 km^2。这一发展水平不论是在绝对里程上，还是相对密度上，都还低于北京市（554 km，38.08 km/×10^2 km^2），在绝对里程上也远低于上海市的水平（617 km，20.11 km/×10^2 km^2）。

经过十余年的快速发展，深圳市轨道交通建设水平得到了极大的提高，建筑面积上轨道交通密度（不包含市外铁路）达到了 23.91 km/×10^2 km^2，发展水平高于我国其他大型城市，如北京与上海，但与境外亚洲超级城市之间仍有一定的差距。如图 5.14 所示，香港的轨道交通建设密度为 93.66 km/×10^2 km^2，东京为 63.96 km/×10^2 km^2。地铁及其他类型的轨道交通建设，能够有效地提高公共交通的运输能力，地铁的建设也有助于城市立体空间的发掘和利用，当前深圳市在轨道交通规划和建设方面都还有很大的提升空间。

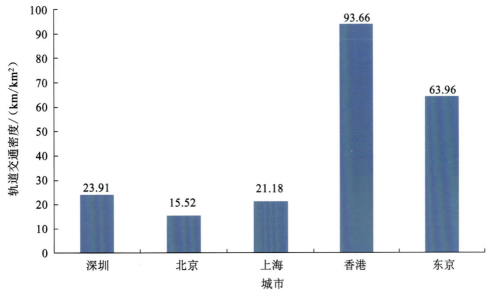

图 5.14　2015 年深圳轨道交通建设密度与其他城市比较

如图 5.15 所示，至 2015 年，深圳绿地覆盖率处于全国领先水平，高于其他 4 座城市。

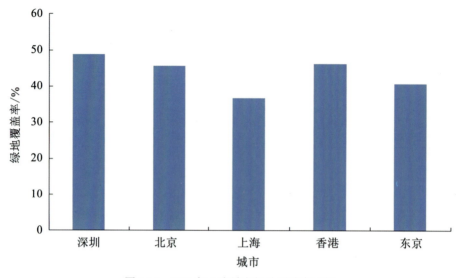

图 5.15   2015 年 5 座城市绿地覆盖率比较

5.5.2   耕地面积变化与耕地保护

不同地区由于人口与社会经济发展情况的区别,采取的耕地保护措施也各不相同。以下对深圳与北京、上海两座城市在耕地保护方面取得的成就进行比较。

在我国,守住十八亿亩耕地红线是全国耕地保护的总目标,自 2000 年以来,深圳市和上海市由于城市化的快速发展,建设用地的不断扩张,均面临着耕地面积不断缩减的问题。如表 5.22 所示,2000～2015 年深圳市耕地面积减少了 37.6%,而上海市的耕地面积减少了 30.4%。与这两个城市不同,北京市的耕地面积并没有出现大幅度的减少,仅减少了 9.4%。

表 5.22   三市耕地面积变化（2000～2015 年）

年份	耕地面积/km²		
	深圳	上海	北京
2000	63.72	2 859	2 420.00
2005	43.05	2 373	2 364.37
2010	30.57	2 010	2 337.79
2015	39.77	1 990	2 193.26

如表 5.23 所示,2000～2015 年,深圳市的播种面积减少了 60.8%,高于耕地面积的减少;上海市农作物播种面积减少了 34.5%,与耕地面积的缩减水平相当。与这两个城市相比,北京市尽管耕地总量减少不多,农作物播种面积却出现了显著下滑,降低了 61.0%,一定程度上显示出耕地利用效率下降。

农作物播种面积的减少,在城市化不断推进、第一产业占 GDP 比重不断降低的前提下是不可避免的。然而与此同时，为了保障粮食安全，如何提高现有耕地的利用效率，也是今后城市发展需要考虑的重要议题。

表 5.23　三市农作物播种面积变化（2000～2015 年）

年份	耕地面积/km^2		
	深圳	上海	北京
2000	124.9	5 215	4 540
2005	70.8	4 036	3 080
2010	64.0	4 021	3 170
2015	49.0	3 416	1 770

5.5.3　小　结

经过近 40 年的持续发展，深圳的城市发展已经达到了较高的水平，在城市绿化、公路路网建设等方面接近了亚洲第一梯队城市的水平。如今深圳市的城市土地开发强度、城市人口密度、城市建设容积率均已位列全国首位，接近甚至超过了亚洲高密度城市香港和东京，建设用地比例达到上限。面对有限的土地资源，深圳市仍需不断探索深挖土地空间利用潜力，进一步提高土地产出效率。

同国内其他大城市一样，深圳市的耕地面积也出现了明显的减少。而且，深圳还是一个没有农村建制的完全城市化地区，深圳市在今后的耕地保护工作中不仅需要重视对数量的把控，如何提高耕地利用质量，实现耕地的社会和生态环境效益，也将成为一个重要的议题。

第 6 章

深圳市土地资源的可持续利用和保护

  土地资源具有经济、社会、生态等多重属性和功能,是推动经济、政治、文化、社会、生态文明建设"五位一体"总体布局和全面发展的物质基础和空间载体。土地资源的可持续利用与保护不仅是建设富强、民主、文明、和谐、美丽的社会主义现代化强国的基本保障,而且本身也是实现国家全面、协调和可持续发展的重要内容之一。

6.1　树立新型土地资源观

党的十八大以来，中央高度重视生态文明建设，强调生态文明建设是关系人民福祉、关乎民族未来的长远大计。2015 年中共中央、国务院相继出台《关于加快推进生态文明建设的意见》和《生态文明体制改革总体方案》，对生态文明建设和深化改革提出了具体要求。习近平总书记在党的十九大报告中进一步明确了"加快生态文明体制改革，建设美丽中国"的方向和要求，强调"要提供更多生态产品以满足人民日益增长的优美生态环境需要"[①]。要深刻认识土地资源可持续发展对于生态文明建设全局的重大战略意义，彻底转变传统土地资源保护观和利用观，树立新型土地资源观，推动资源管理、空间管制、生态保育的协调融合发展，实现经济效益、社会效益和生态效益的高度统一。

6.1.1　坚持尊重自然、保护优先的基本原则

树立新型土地资源观，必须坚持尊重自然、顺应自然、保护自然的基本原则，更好地推动保护资源、节约集约、维护权益职责的落实，给子孙后代留下天蓝、地绿、水净的美好家园。按照中央生态文明建设要求，必须树立底线思维，设定并严守资源消耗上限、环境质量底线、生态保护红线，将各类开发活动限制在资源环境承载能力之内[②]。要严禁随意改变土地用途，防止不合理开发建设活动对土地资源的滥用，合理设定资源消耗"天花板"。要将土地作为战略性资源进行严格管控，在重点生态功能区、生态环境敏感区和脆弱区等区域划定生态红线，确保生态功能不降低、面积不减少、性质不改变，有效遏制生态系统退化的趋势，实现人口、经济、资源环境的平衡发展，确保人口规模、产业结构、增长速度不超出土地资源承载能力和环境容量。

6.1.2　土地资源保护与自然生态系统整体维护紧密结合

山水林田湖海草是一个生命体，必须把资源、生态、环境作为统一体统筹安排考虑。土地资源既有资源属性，同时也有生态属性。应按照生态系统的整体性、系统性及其内在规律，将土地资源保护与自然生态各要素进行统筹考虑，从山上山下到地上地下，从陆地到海洋再到流域上下游，作为一个整体进行保护、综合治理和系统修复，增强生态系统循环能力，维护生态平衡。

6.1.3　树立土地资源作为生态资产的新型价值理念

土地资源既是经济社会发展的重要物质基础，也是自然生态系统的主体构成要素。

---

①习近平总书记所做的党的十九大报告《决胜全面建成小康社会，夺取新时代中国特色社会主义伟大胜利》

②引自：中共中央、国务院，《生态文明体制改革总体方案》

习近平总书记关于"绿水青山就是金山银山"的表述生动地阐明了一个道理：自然生态是有价值的，保护自然就是增值自然价值和自然资本的过程，也是创造价值，也应该获得丰厚的经济回报。过去注重土地资源的经济属性，强调土地开发利用带来的经济资产、资本价值，忽视生态价值；导致土地使用者只考虑土地资源的使用成本，而忽略了使用土地资源过程中对环境造成的污染和破坏的补偿成本，造成土地资源的浪费及过度使用。新型资源观要求明晰生态空间产权，使用者要有偿取得和生态补偿，破坏者要治理恢复。树立土地资源的生态资产、资本价值理念，对于进一步完善自然资源管理制度、优化国土空间开发格局、加强资源环境保护、推进生态文明建设具有重要意义。

6.2　统筹规划管控全域土地和空间资源

6.2.1　加强对全域土地资源的统一规划管理

按照中央生态文明建设的要求和 2018 年 3 月国务院机构改革后的部署，我国将进一步健全国土空间用途管制制度。将整合目前各部门分头编制的各类空间性规划，编制统一的空间规划，作为国家空间可持续发展的蓝图和各类开发建设活动的基本依据。将构建以空间治理和空间结构优化为主要内容，全国统一、相互衔接、分级管理的空间规划体系，着力解决空间性规划重叠冲突、部门职责交叉重复、地方规划朝令夕改等问题；将构建以空间规划为基础、以用途管制为主要手段的国土空间开发保护制度，着力解决因无序开发、过度开发、分散开发导致的优质耕地和生态空间占用过多、生态破坏、环境污染等问题；将构建覆盖全面、科学规范、管理严格的资源总量管理和全面节约制度，着力解决资源使用浪费严重、利用效率不高等问题[①]。

深圳已经进入以提升质量和效益为核心的城市发展阶段，未来的土地资源的规划管理应以全面落实生态文明建设的要求，利用率先进行规划、国土管理机构整合的行政管理体制优势和完全城市化的基础条件，进一步统筹全域土地资源的规划和管理，科学配置生产、生活和生态空间资源要素，强化空间精细管理和分类管控，促进精明增长，提升品质和效益。应在对土地资源进行科学分析评价基础上，将全市域空间合理划分为生态、农业和城市三类，合理确定三类空间比例，统筹空间结构和布局。首先要划定并严守生态空间。将自然保护区、风景名胜区、森林及郊野公园、地质公园、坡度大于 25%的山地、林地、主干河流、水库及湿地、维护生态系统完整性的生态廊道和绿地，以及坡度大于 25%的山地等划为陆域生态空间；将海洋自然保护区、重要河口、滨海湿地、特殊保护海岛、珍稀濒危物种集中分布区、重要砂质岸线及邻近海域、珊瑚礁等划为海洋生态空间；要统一实施生态空间用途管制，保障城市生态安全底线；构建全市生态屏障，维护生态安全格局。其次，以永久基本农田为主体划定农业空间，严格实施永久保护，对新增建设用地占用耕地规模实行总量控制；加强耕地保护，严格控制非农建设行为占用农业空间；落实耕地占补平衡，

[①]引自：中国共产党第十九届中央委员会第三次全体会议，《深化党和国家机构改革方案》

确保耕地数量不下降、质量不降低。将农业和生态空间之外可供开发建设的空间用地划为城镇空间,进行优化提升。严格控制建设用地规模,促进城市紧凑布局;要着力推动低效土地二次开发,提高土地利用效率;要积极倡导密度分区控制、土地混合使用、地下空间挖潜等,促进城市紧凑发展,使土地发挥最大的综合效益。

6.2.2　划定并严守生态保护红线

划定生态保护红线,是切实加强核心生态资源保护、提升自然生态系统服务功能、保障生态安全的重要举措。深圳应以维护生态系统的完整性和连续性为原则,综合考虑生态功能重要性和生态环境敏感性的评估结果,科学合理地划定生态保护红线。应将市域范围内的国家级自然保护区、国家级风景名胜区的核心景区、国家级地质公园地质遗迹保护区、国家级湿地公园、国家一级公益林、饮用水源一级保护区、市级自然保护区的核心区和缓冲区、森林(郊野)公园的生态保护区,以及其他生态环境极敏感、生态功能极重要但未纳入法定保护范围的地域划入生态保护红线。生态保护红线边界勘定后,应立即设立保护标志,实施最严格的保护措施,严禁各类开发建设活动,严禁任意改变用途。

6.2.3　划定永久基本农田

耕地是保障国家粮食安全和生态安全的根基,基本农田是耕地的精华所在,是资源环境生态红线的重要组成,必须严格划定、永久保护。深圳的耕地和永久基本农田面积虽然都不大,但对于维护良好的生态格局、实现土地资源的可持续利用与保护具有重要的意义。针对深圳快速城市化带来的耕地分布散碎、效益低下等特点,应以"总体稳定、局部微调"为原则,对现有基本农田的空间布局作适当调整,将涉及退耕还林、土地污染、零星分散、质量较差和规划重点项目选址无法避让需要占用等基本农田调出,保留并新纳入相对集中成片的优质耕地,划定永久基本农田。严格控制建设项目占用基本农田;建立高标准农田提质改造长效机制,落实永久基本农田保护责任;发展现代农业,充分发挥永久基本农田的生态功能,探索农产品研发、科普教育、农事体验和休闲观光等功能。永久基本农田红线划定是基础,管护是关键。应严格落实永久基本农田一经划定,不得随意调整的基本准则,严禁侵占永久基本农田搞城市建设,严格占用永久基本农田建设项目的土地用途转用许可,严格先补划后占用等政策规定,建立和及时更新基本农田数据库,强化对永久基本农田的监测监管。要将耕地保护目标责任、永久基本农田管护责任纳入基层政府和领导干部政绩考核体系,加强评估、考核与责任追究,对违法占用、破坏永久基本农田的行为进行严肃查处。

6.2.4　划定城市开发边界

划定城市开发边界的目的是合理确定城市开发极限空间,防止大城市盲目扩张和建设用地无序蔓延;对于优化城市布局和形态、提高土地利用效率、促进城市转型发展和质量提升具有十分重要的意义。深圳 2005 年在全国率先划定基本生态控制线的初衷,就是要遏制城市开发建设行为的无序扩张蔓延。深圳城市开发边界的划定应结合具体实际情况和已有的工作基础,立足于城市资源禀赋和生态环境本底,以严控建设用地规模为前提,与已有的基本生态控制线进行充分衔接。城市开发边界内,应强调土地的节约集约利用,引导存量建设用地的二次开发和精细化利用,促进紧凑布局,集聚发展。城市开发边界外,除了轨道、交通干道等线性工程,应严禁新增开发建设行为;有序实施已建设用地的清退,恢复生态等功能;大力开展生态保育及生态修复,提升生态质量。

6.3　全面提升土地使用质量和效率

提升土地使用质量和效率,不仅要关注土地的经济效益,还要关注土地的社会效益和生态环境效益。其工作内容不仅包括建设用地的使用效率提高和内部结构优化,还包括生态用地的生态功能优化和质量提升。

6.3.1　提升生态用地的生态功能质量

在保持生态用地空间规模的前提下,加强差异化精细化管理,全面提升生态用地的生态功能质量。大力建设和发展城市绿地,持续提升森林、湿地、绿地构成的生态资产总量,稳步提升生态系统生产总值。

1. 推进绿色基础设施建设,完善生态服务功能

推进“生态+”,以优质的绿色基础设施建设,促进生态空间的功能提升和保护性利用,让市民充分享受生态福利。

(1)加强自然保护区建设。不断完善广东内伶仃福田国家级自然保护区建设和管理,加快大鹏半岛、田头山、铁岗—石岩湿地等市级自然保护区建设。自然保护区的建设和管理应当严格遵守法律法规要求,保持自然保护区功能和界线的完整性及视野的开敞度;必要时可在自然保护区的外围划定一定面积的保护协调区,涉及保护协调区内的交通、市政等建设项目的立项,要进行严格的环境影响评价。

(2)大力推进公园建设。夯实“自然公园—城市公园—社区公园”三级公园体系。建立并完善由森林(郊野)公园、地质公园、湿地公园、海岸公园、风景名胜区构成的自然公园体系,推进各类自然公园建设;合理布局城市公园和社区公园,提升公园的覆盖能力和可达性。

(3)加强河流、湿地保护与利用。保持河流的天然性和完整性,严格控制河流两侧绿色空间范围。处理好生态保护和景观游憩的关系,开展蓝绿空间整体设计,保障行洪安全,提升近岸空间品质。合理开展湿地生态保护和景观营建,对天然湿地尤其是沿海滩涂湿地和红树林生态系统实施原生态保护,尽量减少人为活动对湿地生态的影响;在有条件的地区进行人工湿地扩充和重构,适当增加人行活动空间和其他主题元素,丰富湿地的复合功能。

(4)推进绿道与远足径建设。打造"绿色、安全、舒适、生态、人文"的绿道系统,着力提升绿道品质和质量,深度挖掘绿道资源,形成结构合理、衔接有序的绿道网络。加强绿道与绿地的融合,以绿道串联各类"公共目的地",引导条件适合的道路附属绿地建设带状公园,形成连续的游憩体验。依托河流、溪谷、海岸线、山脊线等自然原生环境和历史文化遗迹,建设特色游憩路径,重点推动沿中部山地山脊线和东部海滨自然岸线的远足径系统建设。

2. 强化生态修复,提升生态空间质量

(1)针对性开展生态系统的保护与修复,完善生物多样性保护体系,保持生物多样性指数稳定。加强重要物种生境保护,系统划定特别保护小区,整体保护生物多样性丰富地区及珍稀濒危动植物生境,加强重要物种就地保护,合理开展受威胁物种的迁地保护,加强乡土植物选育和推广建设。

(2)促进山地森林自然性的再提升,遵循生态优先、循序渐进的原则,逐步实施人工林林相改造、林分结构优化,通过补植补造、森林抚育等措施,精准提升森林质量,促进天然林面积增加、质量提升、功能恢复,形成具有南亚热带森林景观特色、生长稳定、物种丰富的森林群落。

(3)保护修复生态廊道与节点,实行生态廊道最窄宽度控制,从严控制新增建设行为,优先开展建设用地清退,积极实施立体绿化和地下或空中生物通道建设,打通或修复重要的廊道和节点。

3. 强力实施建设用地清退

特别要加快核心、关键性生态空间的建设用地清退,包括:一级水源保护区、自然保护区核心区与缓冲区、森林郊野公园生态保育区与修复区、重要生态廊道等核心、关键性生态空间范围内的建设用地清退。完善建设用地清退顶层设计。制定建设用地清退专项规划及实施计划,出台促进建设用地清退的土地、财税等激励政策,充分衔接土地整备、城市更新、棚户区改造,提升建设用地清退的政策支撑力度。

6.3.2 优化建设用地内部结构

深圳的建设用地比例已经相当高,今后必须遵循"框定总量、限定容量、盘活存量、做优增量、提高质量"的土地利用基本原则,在严格控制新增建设用地规模的前提下,将重点放在城市建设用地内部结构的优化上。

1. 提高民生设施用地比例

深圳在保障经济快速增长的同时,在民生设施建设方面留下了较重的历史欠账,距离建设现代化国际化一流城市的目标和满足人民对美好生活强烈愿望的需求还有相当大的差距。城市的可持续发展应将增进民生福祉作为发展的根本目的，多谋民生之利，多解民生之忧，尽快补齐民生短板，为幼有所育、学有所教、劳有所得、病有所医、老有所养、住有所居、弱有所扶提供基础保障，保证全体市民在共建共享发展中有更多获得感和幸福感。今后深圳建设用地结构的优化，应以提升民生服务水平为优先，增加公共服务设施用地、交通市政设施用地和公园绿地，完善社会公共服务，强化基础设施支撑能力。特别要大幅增加教育、医疗、体育等公共管理与服务用地，保障和改善民生；要以强化现代化国际化城市的基础支撑能力为根本，保障交通设施和市政公用设施用地的合理比例；有效稳定生态用地及公园绿地比重，提高宜居环境质量。

2. 适度提高居住用地比例

住房问题是关系城市社会稳定和谐的重大民生问题，也是影响城市竞争力的关键要素。随着深圳经济社会发展水平的稳步提高，人们对城市的认同感和安居归属意愿日益强烈，从对住房供应数量和质量都提出了巨大和紧迫的需求。必须强化政府的公共责任，构建多层次住房体系，努力提高居住整体水平标准。建设用地结构的优化，应以建设宜居城市、吸引人才、鼓励创新产业为目的，有序供应和合理调控居住用地，增加人才住房和保障房性住房用地供给；应逐步提高居住用地的规模和比例，有序增加住房建筑总面积，确保居住质量与城市发展目标定位和市民的根本需要相匹配。

3. 逐步降低工业用地规模和比例

深圳全市的工业用地结构比例偏高，是过去 30 多年快速工业化形成的结果，具有一定的历史合理性；但发展至今，与全国中心城市和现代化国际化城市的目标定位并不相称。尤其是大量低效工业用地的存在，不利于土地资源的可持续利用和城市发展质量提升。应努力促进工业用地集约高效发展，减少低效、零散工业用地，适度降低工业用地规模和比例。应遵循产业融合化、高端化、创新型发展规律，调整和改革产业用地供给制度和产业空间构筑模式，明确引导产业结构升级方向和产业用地结构优化目标；适度提高科技创新、金融服务、商务办公、文化创意等用地供给规模，保障高端制造业、战略新兴产业发展空间，提升工业用地使用效益；加大零散工业区升级改造和整合力度，强化工业用地适度集中、高效利用，着力增强城市综合服务能力；加大低效工业区和零散工业用地的整备力度，推进旧工业区升级改造和城市更新。

6.3.3　加强建设用地的空间管控

在控制建设用地规模和结构的基础上，实施建设用地内部的"四线"管控，保证城市空间质量，防止城市绿地、历史文化遗产和重大基础设施用地遭受侵占和破坏。通过实施建设密度分区制度，加强对全市建设总量和结构的管控。

1. 实施"四线"管控

（1）划定城市绿线。将位于建设用地内 0.1 km^2 以上且具备重要生态功能的城市综合公园、重大道路交通设施和重大市政设施防护绿地，以及对城市生态安全格局具有重要影响、对城市居民服务起到极重要作用的城市结构性绿地纳入绿线范围，实行定界管控，范围内建设活动需严格遵守城市绿线管理办法。

（2）划定城市蓝线。将河、湖、库、渠、湿地、滞洪区等城市地表水体和原水管线等水源工程保护和控制的地域界线，以及因河道整治、河道绿化、河道生态景观保护等需要而划定的规划保留区界线纳入城市蓝线范围。范围内严禁从事与蓝线规划要求不符的各类建设行为，以保障城市供水、防洪防涝和通航安全，提升城市人居生态环境。

（3）划定城市紫线。将重要历史建筑的核心保护范围和建设控制范围，以及具备重大历史文化保护价值的历史街区、历史风貌区纳入紫线范围。范围内建设活动应严格遵守历史文物保护相关法律法规和紫线管理要求，以保护历史遗存与环境的真实性和完整性。

（4）划定城市黄线。将机场、口岸、二级联检站、城市水运码头、城市轨道线、列车停车场、车辆段及保养维修基地、城市交通综合换乘枢纽、长途汽车站、公交场站、社会公共停车场、加油加气站等重要交通设施和给水、排水（污水和雨水）、电力、通信、燃气、环卫、防灾及成品油设施等重要市政设施统筹纳入城市黄线。范围内建设活动应严格遵守城市黄线管理办法要求，以保障各类设施安全运行。

2. 实施建设密度分区管控

合理的建设密度分区反映了居住、商业服务业、工业建筑总量在城市各级分区内的分配格局。作为指导不同类别地区的开发建设强度的控制标准，以实现环境、经济、基础设施承载、城市景观的协调为目标，是实现城市精细化管理的重要技术手段，也是平衡土地资源稀缺条件下城市持续发展与空间环境质量提升之间矛盾的重要途径。

应根据不同区域的人口和活动分布、公共服务、交通通行与市政设施承载能力，确立全市差异化的开发建设强度指南，保障建设总量规模与各地区的功能定位、环境质量控制要求相匹配。除机场、码头、港口核电站等特殊管理用地外，应将全市城市建设用地划分为多个级别的密度分区进行开发强度的管控。应将都市核心区、市级中心、部分高度发达的功能中心的核心区及轨道覆盖地区纳入高密度开发区，形成超高层建筑相对集中的区域；大部分城市建设区纳入中高密度开发区，实施适度的中高强度开发，以高层建筑为主；应严格限制自然环境与景观资源保护地区的开发量，如二级水源保护区范围、大鹏半岛滨海用地、福田红树林自然保护区周边等地区，应进行中低强度、低强度管控，以中高层建筑、多层建筑为主。全市形成层次分明、错落有致的空间形态格局。

6.3.4　多渠道提高存量用地的使用效率

1. 加大存量土地二次开发力度，有序推进土地整备和城市更新

加大土地整备力度，加大低效用地盘活力度，收回闲置土地，强力拆除违法建设。通过二次开发供应的建设用地优先保障交通市政基础设施、公共服务设施、人才住房和保障性住房及创新型产业的发展建设需求。有序推进多种模式的城市更新，除拆除重建更新方式外，积极鼓励综合整治和复合式有机更新。引导建筑功能有序置换，提升建筑空间使用弹性；推动低效益的工业、仓储等建筑的功能改变，发展创意型、创新型产业；致力于保护相对低成本的公共服务、居住、商业和办公空间，探索将部分居住、商业等建筑置换为公共建筑，提高城市公共服务供给能力和品质。

2. 坚持三维立体空间的统筹规划和利用，实施土地立体开发

坚持地上、地面、地下三维立体空间的统筹规划和统筹利用，鼓励竖向的立体综合开发和横向相关空间的联通开发。划定地下空间管控分区，实施差异化的地下空间分区、分类利用策略。以地铁网络为骨架，以城市公共活动中心和轨道交通枢纽为核心，以城市公共活动聚集、开发强度高和轨道交通站点密集等区域的地上-地下空间一体化利用为重点，合理引导城市地下空间的开发利用。以规划为先导，充分利用浅层空间并逐步向深层拓展，合理有序地推进地下空间资源的综合利用。规划近、中期以浅层和次浅层地下空间开发为主，远期逐步拓展深层地下空间作为轨道交通、快速交通、能源输送、资源调蓄等功能。开展次深层和深层地下空间资源的调查与评估，推进城市地下空间综合管理信息系统建设。推进基础设施和场站地下化，逐步推进快速路和主干道局部路段道路空间的立体化利用。

3. 鼓励建筑功能复合化，增强工作与生活空间的共享

鼓励大学校区、产业园区与周边社区、商业区、办公区的居住、就业和服务空间融合，促进设施共享；结合轨道交通站点，探索商业、办公、居住、公共服务和市政基础设施的立体复合开发，鼓励建设功能复合的城市综合体；在产业园区内，引导研发、办公、贸易、制造等功能的适度融合，激发创新创业，提升产业空间活力。

6.4　健全和完善土地资源管理制度

6.4.1　完善土地权属管理体系

城市土地的深度开发离不开完备的土地权属管理体系的构建。深圳在土地资源的市场化经营和管理方面，以及城市土地深度开发的探索实践方面均走在了全国的前列；但在城市的快速扩张中也遗留下大量围绕土地权利与权益归属及土地开发权利的争议问题。经过原特区内统一征地和原特区外城市化转地后，虽然实现了全市土地的国有化，但也产生了大量土地历史遗留问题，产权关系模糊，地籍家底不清，管理困难；既不利于产权保护，也影响了土地有效供应。当务之急是要理清土地权属关系，推进土地确权登记，加快建立完善的土地权属管理体系，提高土地管理的效力和能力，这是深圳市拓展土地利用空间保障发展的重要课题，也是实现土地资源可持续发展的必然要求。

完善深圳市的土地权属管理体系，首先要全面准确掌握全市域土地的权属和实际利用情况。为了摸清土地资源家底，完善产权制度，应加快推进地籍调查和土地总登记专项行动,创新调查方法和工作策略,有序推进地籍调查工作;应采取"区分不同历史时期、区别不同情况、适用不同政策"的工作思路,"分层、分步、分类、分标准"的工作方法,实施土地确权登记工作。应充分发挥深圳不动产籍信息和测绘地理信息统一管理的体制优势,努力探索不动产籍信息的统一调查、统一测绘、统一确权、统一登记和统一服务的"五统一"新型工作模式和机制。

6.4.2　持续创新土地使用制度

继续完善土地有偿使用制度。应始终坚持市场化改革方向,充分发挥市场在土地资源配置中的决定性作用,致力于构建主体平等、规则一致、竞争有序的统一土地市场。继续改革完善产业用地供应方式,建立差别化的产业用地供应机制。针对不同产业的生命周期、企业规模和行业特点,在供应方式、供应年限、地价标准等方面研究制定差别化的供地政策;采取弹性年期制度,提高土地循环利用效率。通过搭建产业用地用房供需服务平台,推动土地供应与企业需求的高效对接,提高产业用地供应效率。探索土地租赁、土地作价入股等土地有偿使用方式,进行土地资产资本管理,保证国有土地资产的保值增值。持续探索解决原农村集体土地历史遗留问题的途径,充分发挥规划、产权、金融、财税等综合手段,有效盘活存量土地资源,逐步建立土地权属明晰、增值收益分配合理、土地资产流动充分的土地管理体系。

6.4.3　健全和完善自然资源管理制度

生态文明体制改革的目标是建立产权清晰、多元参与、激励约束并重、系统完整的生态文明制度体系,包括:自然资源资产产权制度、国土空间开发保护制度、空间规划体系、资源总量管理和全面节约制度、资源有偿使用和生态补偿制度、环境治理体系、环境治理和生态保护市场体系、生态文明绩效评价考核和责任追究制度等。与国家生态文明制度体系的建设要求相适应,深圳土地资源管理也要遵循"科学规划、用途管制,市场配置、有偿使用,统一登记、维护权益,源头保护、统一整治,综合管理、强化监管"的要求,努力实现统一调查评价、统一确权登记、统一用途管制、统一监管信息平台和统一整治修复的管理目标。要全面提升土地资源保护、利用和管理水平,促进土地资源开发利用与环境保护相协调。要按照源头严防、节约利用、综合治理的思路,健全自然资源生态补偿机制,加快资源税从价计征改革,完善国土综合整治机制,探索建立资源环境承载力监测预警机制,切实落实最严格的自然资源保护和节约利用制度。要按照"归属清晰、权责明确、监管有效"的要求,加快自然资源权利体系建设,建立统一确权登记制度,深化有偿使用制度改革和市场建设,健全自然资源资产产权制度,依法保护自然资源权利人的合法权益。要按照统一衔接、功能互补、相互协调、全域覆盖的要求,建立自然资源综合调查评价制度,构建统一协调的国土空间规划体系,建立健全自然生态空间用途管制制度。要建立以土地资源为核心的统一的自然资源监管信息平台,构建体系完整、功能互补的多元监管体系,加强自然资源保护和利用监管。探索建立严格规范的国土空间开发许可制度、国土空间用途管制绩效考核制度,将土地用途管制制度落实情况作为自然资源监管的重点内容。坚持用法治的思维和方式保护土地资源,有效约束开发行为,促进土地资源的绿色发展、循环发展、低碳发展和可持续发展。

6.5　统筹规划陆海空间资源,合理拓展蓝色国土空间

深圳市拥有海域面积 1 145 km^2,现状海岸线总长约 257.3 km,滩涂面积约 70 km^2,深圳滨海及海域范围内具有优越的地质地貌和丰富的海洋资源。在陆地空间资源使用濒临极限的条件下,实施向海发展,科学合理利用海洋资源,拓展蓝色国土空间,是破解空间资源瓶颈的新路径。

深圳作为一个滨海城市,在区位与自然环境等方面都具有与生俱来的先天优势。海洋资源的合理利用不仅关乎城市的经济发展和提升,也关乎市民的生活质量和城市的整体生态安全,以及整个城市的形象和品质。深圳应充分发挥体制机制优势,通过“土地+海洋”的陆海统筹空间战略,将陆地空间和海洋空间进行整合,实现陆海规划一体化和国土空间统筹集约利用,促进陆海之间资源互补和产业互动,将海洋发展与城市发展紧密结合起来。应建立“区划统筹、规划引导、技术支撑、法制保障”的海洋管理体系,实现对海洋资源的优化配置,遏制对海洋资源的粗放利用和无序开发,确保海洋资源可持续利用。通过规划引导、政策保障、技术支撑,优化海洋产业空间布局,加快海洋经济结构调整,转变发展方式。

深圳市经济的高速发展加剧了土地供需矛盾,围海造地可有效缓解土地紧缺局面,但填海造地必须依据客观情况,科学组织实施,先制定相关规划,然后按照发展战略、功能定位、空间布局、建设内容和时序,有序开展适度的围填海工程。深圳东部具备较好的沙滩等生态资源,不适合进行较大规模的围填海工程;而且由于沿海进深较小,围填海后也无法提供较好的用地条件。因此东部海域应严控围海造地。西部海域具备一定的滩涂资源,又是区域发展的主要轴线,可在注重生态保护的基础上考虑围填海。必须遵循科学用海的原则,实行围填海总量控制制度,对围填海的规模实行约束性指标管理。

同时,应健全海洋资源开发保护制度。实施海洋主体功能区制度,确定近海海域海岛主体功能,引导、控制和规范各类用海用岛行为;建立自然岸线保有率控制制度;完善海洋渔业资源总量管理制度,严格执行休渔禁渔制度,推行近海捕捞限额管理,控制近海和滩涂养殖规模;健全海洋督察制度。

6.6　深化区域协作,拓展资源配置和使用的空间范围

实施区域协同发展战略,是深圳破解空间资源约束,提升区域辐射带动能力,增强全球竞争力的战略选择和必由之路。深圳要充分发挥全国经济中心城市和国际科技产业创

新中心的引领作用,与粤港澳大湾区各城市合力培育国际竞争新动能,共建粤港澳大湾区世界级城市群,以此拓展经济腹地,争取在更大范围配置和利用资源。

6.6.1 在粤港澳大湾区世界级城市群中发挥核心功能

随着《粤港澳大湾区城市群发展规划》的颁布,标志着粤港澳大湾区建设已经上升成为国家战略并落地实施。深圳应全面加强与粤港澳大湾区各城市在金融贸易、专业服务、科技文化、医疗教育、环境保护等领域的交流合作,推动粤港澳大湾区整体产业链和价值链向高端延伸,打造产业发达、功能强大、开放互动、集聚外溢的湾区经济。积极推动前海蛇口自贸片区与南沙、横琴自贸片区协同发展,助推粤港澳大湾区创新对外投资方式,引领国际产能合作;强化与东莞、惠州等珠江东岸城市的合作深度,拓展与中山、珠海等珠江西岸城市的合作领域,共同形成面向全球的贸易、投融资、生产、服务网络,加快培育国际经济合作和竞争新优势。在共建粤港澳大湾区城市群的进程中,深圳应持续强化科技创新的示范引领和辐射带动作用,发挥湾区产业链协同创新优势,促进湾区创新资源的加速流动和优化配置,构建湾区自主创新生态体系。引导科技创新资源和平台的区域共享,促进区域性研发新业态加速形成。

要与湾区各城市紧密合作共建宜居优质生活圈。全面提升医疗、教育、文化等公共服务品质,加快打造国际一流湾区生活环境和公共服务。加强社会事业和公共服务合作,简化口岸通关查验,探索湾区内教育、医疗、环境、文化等公共服务体制机制的互认、资源共享,实现常住居民的便利流动。加强与香港、广州机场的服务合作和资源共享,共同构筑服务粤港澳大湾区的国际机场枢纽体系。借助香港国际航运中心优势,加强深圳与香港的港口合作,促进深圳港与湾区其他港口的分工协作和错位发展,共同构建全球航运网络体系。共同推动海铁联运和江海联运发展,大力推进内陆地区"无水港"合作,协商共建深圳港近距离内陆港,拓展深圳港的腹地范围。拓展深圳辐射内陆的对外通道体系,重点依托高速铁路通道,构建湾区至北京、上海、成渝、昆明、北部湾、海峡西岸等方向的综合运输通道体系,借力粤港澳大湾区城市群建设全面提升深圳与国家重要城市群和泛珠三角地区的联络度。

6.6.2 全方位拓展和深化深港合作

在坚持"一国两制"的框架下,全面落实《深化粤港澳合作,推进大湾区建设框架协议》,深入实施 CEPA 有关协议,积极推进深港服务贸易自由化,率先支持香港融入国家发展大局。以前海蛇口自贸片区、落马洲河套地区、深港口岸地区等为深港合作载体,全面加强与香港在金融和专业服务、医疗卫生、高等教育、环境保护、法制等领域的交流合作,探索"一国两制"框架下的世界"双城双特区"发展经验。共建深圳湾国际自贸港和大鹏湾世界级滨海旅游目的地,促进深圳西部湾区与香港西部湾区协同发展,加强在港口航运、国际贸易等方面的合作,共建"一带一路"经贸合作枢纽。

与香港联手共建世界级科技产业创新中心和金融中心,打造全球创新人才的"栖息地"。探索深港创新合作发展新机制,促进香港教育、人才、科研等优势资源与深圳产业链、创新生态和创业环境的有机融通。加强深港高等院校产学研联动,以落马洲河套地区深港科技创新合作区开发为契机,与香港合作共建国际创科合作平台。进一步推进深港两地在前海合作区、深圳湾高新园、沿深圳河两岸和莲塘口岸等地区的协调和创新协作。共建布局合理、功能清晰、运行高效的深港跨界交通系统,实现深港核心地区半小时互达。持续优化通关政策,改善口岸交通接驳设施条件,提升通关效率。

6.6.3 引领深莞惠都市圈一体化发展

充分发挥深圳在珠江东岸城市群的核心引领作用,促进深莞惠都市圈一体化发展,辐射带动河源、汕尾的振兴发展。应构建梯度层次合理的城镇体系,强化深圳辐射带动区域整体发展的高端服务职能。推进深圳都市核心区与东莞、惠州中心城区在公共服务功能方面的分工协作,全方位拓展合作广度和深度,共同发挥高端引领和辐射带动作用。大力推进深莞惠三地边界地区合作共建,完善协调发展机制,实现空间、功能和设施的协同发展。推进莞、惠临深地区在公共服务、基础设施建设、住房保障等方面的共建共享,协同建设设施均好、区域均衡的公共服务体系。开展多层次区域教育合作,加强与临深地区教育规划布局协调对接,推动临深地区优质基础教育资源共建共享,为临深地区居住人群提供教育服务,推进优质教育资源向周边地区辐射。加快医疗卫生服务合作,带动区域整体医疗卫生服务水平提升。支持深圳与临深地区探索住房城际合作。加强重点领域产业的区域协作,依托深莞、深惠、沿海等区域主要发展廊道,推动制造业要素沿轴向集聚和疏解,协同建设电子信息、智能制造、海洋、大数据等产业链。推进与东莞松山湖—生态园、惠州仲恺高新区—潼湖智慧城、惠阳经济开发区的产业协作,完善产业合作格局,通过产业链的跨区域分工实现产业共建。有序促进深圳创新资源和创新要素的溢出辐射,推动科技创新成果在外围地区转化和生产,强化深圳科技创新服务作用,引领区域创新链、产业链、资源链、政策链深度融合,构建区域协同创新共同体。

推进与汕尾、河源协同发展。发挥深圳龙头带动作用,强化面向汕尾、河源的交通战略通道建设、产业协作区培育和公共服务供给,加强深圳对粤东地区的辐射带动作用。加快推进区域市政、信息、能源等设施对接,建成以高速铁路、城际铁路和高快速路为骨架、衔接一体的综合交通运输体系,实现深圳与汕尾、河源中心城区一小时互达。有序引导深圳传统优势产业转移,与河源、汕尾等外围地区形成"前店后厂"分工模式,促进中小产业集群创新升级,建设区域性创新产业集群。大力推进医疗卫生、教育文化、劳动力培训和转移就业、社会管理等领域的城市间合作和一体化发展,引导教育、医疗等公共服务资源共享,强化社会合作机制。

6.6.4 以深汕特别合作区为载体探索飞地经济新模式

发展飞地经济是深圳拓展产业发展空间的一种新路径。深汕合作区既是深圳产业转移的重要承接地,也是向东拓展辐射的重要战略支点。应以深圳市"飞地型"新城区和未来城市试验区为目标,进行高标准、高定位的统一规划建设,实现高效能的资源配置和管理运营,辐射带动粤东发展,加强与海峡西岸城镇群的联系和互动。应按照打造深圳市新型经济功能区的要求,科学谋划深汕特别合作区产业发展和交通基础设施建设,高层次推进产业集聚发展,高标准规划建设交通基础设施体系。应建设由国家铁路、城际铁路、高快速路和水上客运航线构成的对外通道体系,实现深汕合作区与深圳的高效互联;促进各类要素的快捷有序流动,优化资源配置,尽快形成统一的市场;要持续完善发展成果的分享机制,成为国家探索区域合作新模式的重要示范区。

6.7 小　　结

深圳市是人口大市、经济大市,却是土地小市,土地资源非常有限。在过去近 40 年的快速发展过程中,空间资源紧缺与发展需求旺盛的矛盾一直十分尖锐。近 10 年来,为破解土地资源短缺困局,深圳在土地节约集约利用和存量土地二次开发方面做了诸多探索和尝试,取得了良好成效。但随着社会经济的不断发展和人口规模的持续攀升,土地供需矛盾依然十分严峻,生态环境保护的压力越来越大。党的十九大确立了实现中华民族伟大复兴的"两个一百年"的奋斗目标和总体战略部署,国家发展进入新时代。深圳肩负着继续发挥试验田、排头兵和示范区作用的重要历史责任和使命,需要在率先实现社会主义现代化的新征程中继续走在最前列。实现土地资源的可持续利用与保护,是落实党中央的战略部署和要求所必须要回答的重大命题。深圳必须全面深入贯彻"创新、协调、绿色、开放、共享"的五大发展理念,强化生态文明引领,在土地资源利用上深度挖掘潜力,全面激发新动能,探索新路径,实现从高度增长向高质量发展的根本性转变,为建设中国特色社会主义先行示范区和创建社会主义现代化强国的城市范例做出应有的贡献。

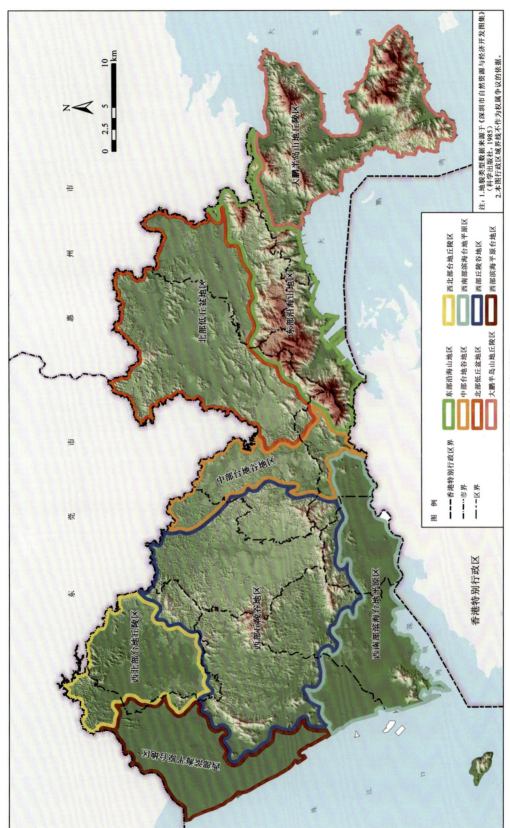

图 例

——— 香港特别行政区界	西北部台地丘陵区
—··— 市界	西南部滨海台地平原区
——— 区界	西部丘陵台地谷地区
东部沿海山地区	西部滨海平原台地区
中部台地谷地区	
北部低丘盆地区	
大鹏半岛山地丘陵区	

注: 1.地貌类型数据来源于《深圳市自然资源与经济开发图集》
（科学出版社, 1985）
2.本图行政区域界线不作为权属争议的依据.

附图I 深圳市地貌类型图

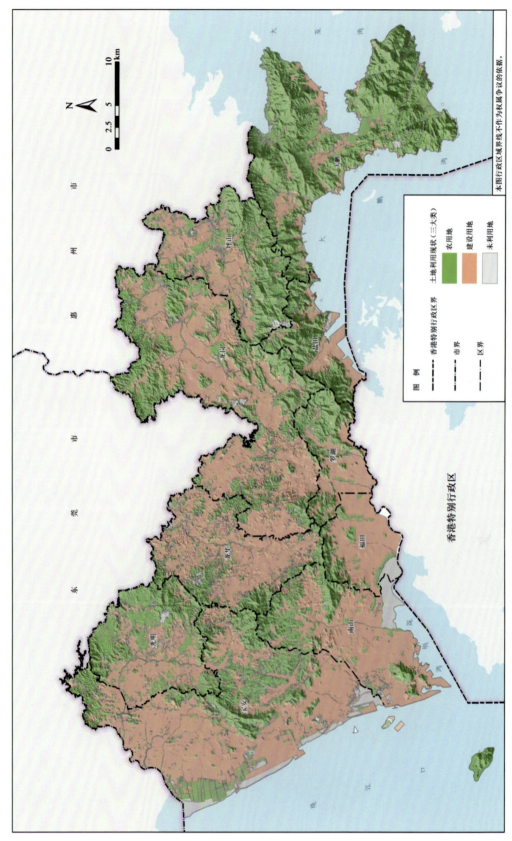

附图Ⅱ 深圳市土地利用现状分布图（三大类）

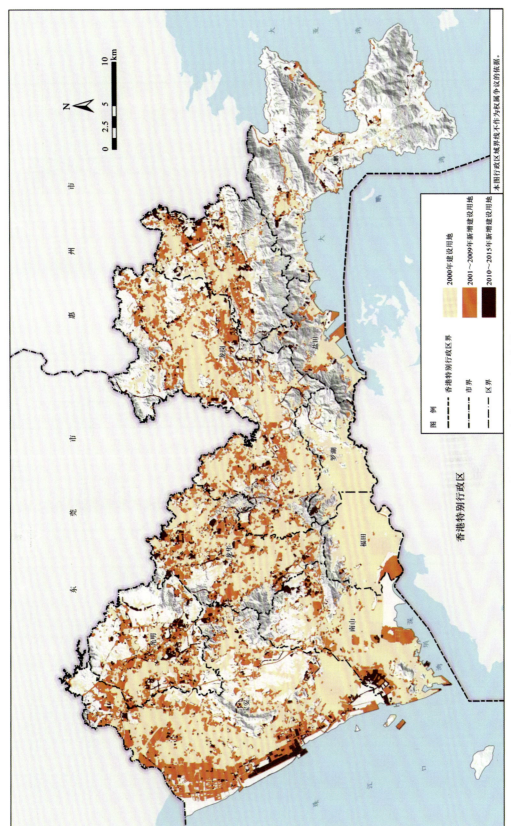

图 例

----- 香港特别行政区界
—··— 市界
—·— 区界

2000年建设用地
2001~2009年新增建设用地
2010~2015年新增建设用地

香港特别行政区

本图行政区域界线不作为权属争议的依据。

附图III 深圳市建设用地演变图

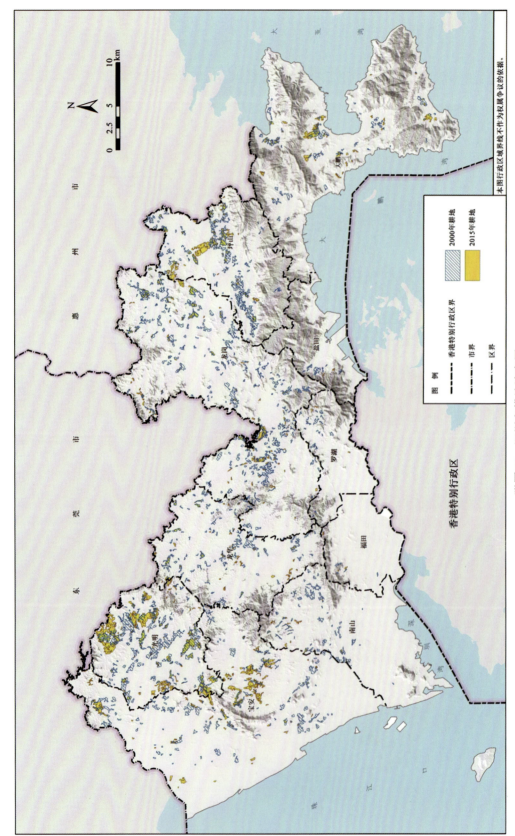

图 例

2000年耕地
2015年耕地

香港特别行政区界
市界
区界

香港特别行政区

本图行政区域界线不作为权属争议的依据。

附图Ⅳ 深圳市耕地演变图

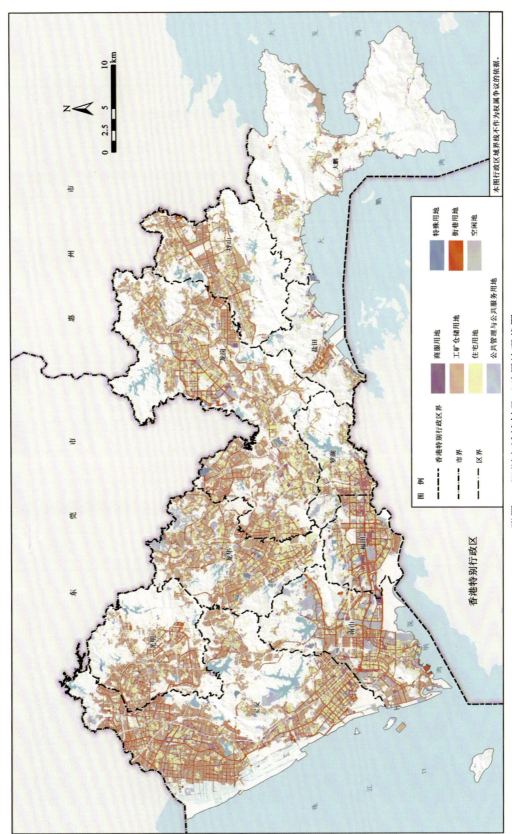

图 例

— ·· — 香港特别行政区界

— ·· — 市界

— · — 区界

商服用地

工矿仓储用地

住宅用地

公共管理与公共服务用地

特殊用地

街巷用地

空闲地

香港特别行政区

本图行政区域界线不作为权属争议的依据。

附图Ⅴ 深圳市城镇村及工矿用地现状图

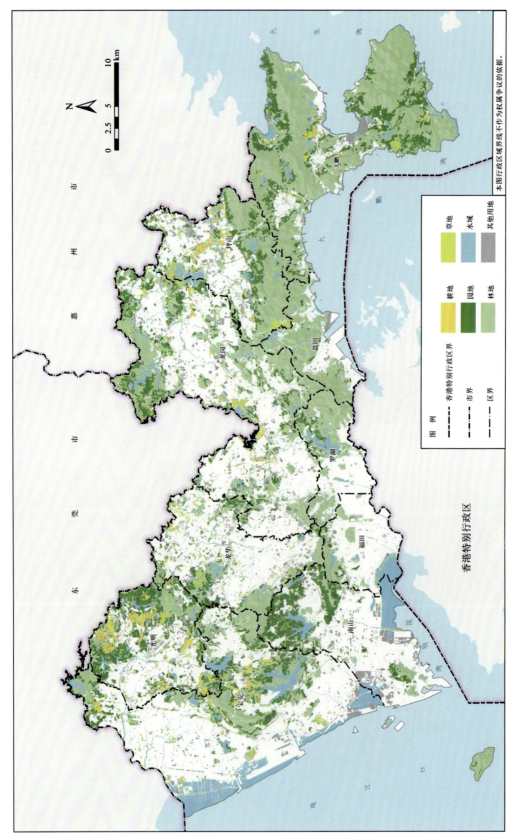

本图行政区域界线不作为权属争议的依据。

图例

香港特别行政区界	耕地	草地
市界	园地	水域
区界	林地	其他用地

香港特别行政区

附图VI 深圳市农用地未利用地现状分布图

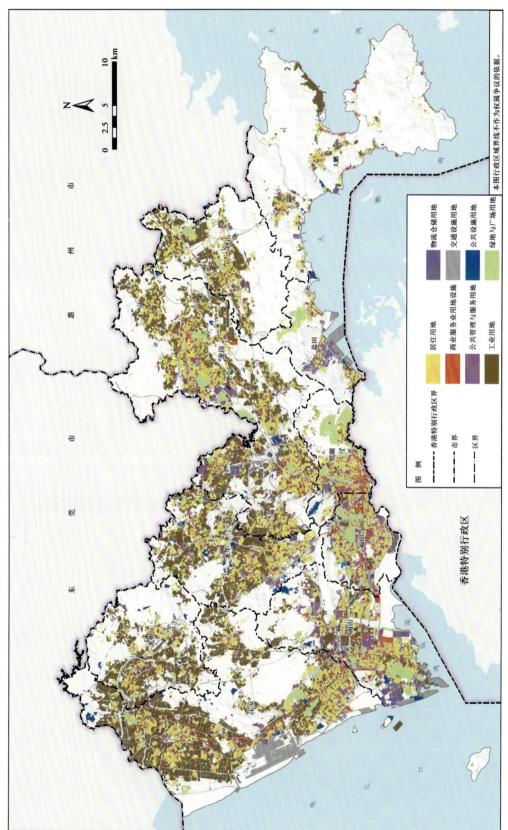

图 例

———·—— 香港特别行政区界

———·—— 市界

———·—— 区界

居住用地

商业服务业用地设施

公共管理与服务用地

工业用地

物流仓储用地

交通设施用地

公共设施用地

绿地与广场用地

本图行政区域界线不作为权属争议的依据。

香港特别行政区

附图Ⅶ 深圳市城市建设用地现状分布图